Agir avec Aristote

Groupe Eyrolles
61, bd Saint-Germain
75240 Paris cedex 05

www.editions-eyrolles.com

Avec la collaboration de Fanny Morquin

Damien Clerget-Gurnaud

Agir avec Aristote

Collection Vivre en philosophie
dirigée par Balthasar Thomass

EYROLLES

À Margot et Paul

« *Déborder l'économie de la création, agrandir
le sang des gestes, devoir de toute lumière* »
René Char, *Fureur et mystère*

Sommaire

III.
Les moyens d'agir

Agir comme agirait le vertueux

IV.
Une vision du sens de l'existence

Viser un idéal de mesure

Mode d'emploi

Ce livre est un livre de philosophie pas comme les autres. La philosophie a toujours eu pour ambition d'améliorer nos vies en nous faisant comprendre ce que nous sommes. Mais la plupart des livres de philosophie se sont surtout intéressés à la question de la vérité, et se sont épuisés à dégager des fondements théoriques, sans s'intéresser aux applications pratiques. Nous, au contraire, allons nous intéresser à ce que nous pouvons tirer d'une grande philosophie pour changer notre vie : le menu détail de notre quotidien, comme le regard que nous portons sur notre existence et le sens que nous lui donnons.

Cependant, on ne peut pas infléchir sa pratique sans réviser sa théorie. Le bonheur et l'épanouissement se méritent et ne vont pas sans un effort de réflexion. Nous chercherons à éviter la complaisance et les recettes faciles de certains manuels de développement personnel. Une nouvelle manière d'agir et de vivre implique toujours aussi une nouvelle manière de penser et de se concevoir. Nous découvrirons ainsi le plaisir, parfois vertigineux, de la pensée, qui en tant que tel, déjà, change notre vie.

C'est pourquoi nous inviterons le lecteur à réfléchir à des concepts avant de lui proposer de s'interroger sur lui-même. Il nous faut d'abord cerner nos problèmes, puis les interpréter à l'aide de nouvelles théories, pour enfin pouvoir y remédier par des actions concrètes. Ce n'est qu'après avoir déjà changé notre manière de penser, de sentir et d'agir que nous pourrons nous interroger sur le cadre plus large de notre vie et sur son sens. C'est pourquoi chaque livre de cette collection, divisé en quatre grandes parties, suivra une progression similaire :

I – Les symptômes et le diagnostic

Nous déterminerons d'abord le problème à résoudre : de quoi souffrons-nous et qu'est-ce qui détermine la condition humaine ? Comment comprendre avec précision nos errances et nos illusions ? Bien repérer nos problèmes est déjà un premier pas vers leur solution.

II – Les clés pour comprendre

Qu'est-ce que la philosophie apporte de nouveau pour éclairer cette compréhension ? En quoi devons-nous radicalement changer notre manière de voir pour prendre en main notre vie ? Ici, le lecteur sera introduit aux thèses les plus novatrices du philosophe qui l'aideront à porter sur lui-même un regard neuf.

III – Les moyens d'agir

Comment cette nouvelle conception de l'homme change-t-elle notre manière d'agir et de vivre ? Comment appliquer au quotidien notre nouvelle philosophie ? Comment notre pensée transforme-t-elle notre action qui elle-même transforme ce que nous sommes ? Le lecteur trouvera ici des recettes à appliquer au quotidien.

IV – Une vision du sens de l'existence

Nous présenterons enfin les thèses plus métaphysiques, plus spéculatives, du philosophe. Si le lecteur a maintenant appris à mieux gérer sa vie au quotidien, il lui reste à découvrir un sens plus global pour encadrer son expérience. Alors que les chapitres précédents lui enseignaient des *méthodes, des moyens* pour mieux vivre, il se verra confronté dans cette dernière partie à la question du but, de la *finalité* de l'existence, qui ne saurait se déterminer sans une vision globale et métaphysique du monde, et de la place qu'il y occupe.

Ce livre n'est pas seulement un livre à lire, mais aussi un livre à faire. Des questions précises sur votre vie suivent les thèses présentées dans chaque chapitre. Ne soyez pas passif, mais retroussez vos manches pour interroger votre vécu et y puiser des réponses honnêtes et pertinentes. Des exercices concrets vous inciteront à mettre en œuvre les enseignements du philosophe dans votre vie. De la même façon, efforcez-vous de vous les approprier et de trouver des situations opportunes pour les pratiquer avec sérieux.

Êtes-vous prêt pour le voyage ? Il risque de se révéler surprenant, parfois aride, parfois choquant… Êtes-vous prêt à vous sentir déstabilisé, projeté dans une nouvelle manière de penser, et donc de vivre ? Ce voyage à travers les idées d'un philosophe du IVe siècle avant Jésus-Christ vous transportera aussi au plus profond de vous-même. Alors laissez-vous guider au fil des pages, au fil des questions et des idées, pour découvrir comment la pensée d'Aristote peut changer votre vie.

En vouloir toujours plus

C'est déjà assez de souffrir. Pourquoi faut-il encore que nous y ajoutions le sentiment de la faute ? Pourquoi faut-il donc souffrir deux fois : d'une douleur et d'un regret ? « J'aurais dû, se dit-on. J'ai mal agi, mal réagi peut-être. » Nous ressassons, nous nous accablons de nous penser la cause autant que la victime d'une douleur que nous n'avons pas choisie, sans doute, mais que nous aurions pu éviter. Si seulement…

Avons-nous tort de nous juger fautifs ? Après tout, nous ne sommes pas responsables de tout ce qui nous arrive. Nous ne pouvons rien contre ces événements qui surviennent parfois, sans crier gare : l'accident, le brusque décès qui nous laisse stupéfaits, l'amour perdu, livré au hasard des rencontres. Mais tous ces drames qui ne dépendent pas de nous appellent de notre part une réaction. Si nous ne pouvons être tenus comptables de ce qui survient, nous sommes du moins responsables de la manière dont nous avons accueilli les événements, dont nous avons choisi de les affronter. Là encore, nous avons dû agir, réagir, et nous avons pris parfois de mauvaises décisions, augmentant ainsi le mal qui nous accablait, au lieu de le diminuer.

D'où vient une telle inaptitude, un tel manque de clair-voyance, un amateurisme aussi navrant ? Toute une tradition de pensée, qui commence bien avant Aristote et se prolonge bien après lui, a voulu y voir l'effet calamiteux de notre ignorance. Après tout, qui ne désire mener une vie épanouie ? Si nous échouons, si nous accentuons continuellement notre malheur par des décisions absurdes que nous regrettons aussitôt, à qui la faute ? N'est-ce pas par manque de savoir ? Pourtant, dans de nombreuses situations, nous savons parfaitement que ce que nous faisons n'a aucun sens, qu'il est absurde et ridicule de réagir ainsi. C'est idiot, bien sûr ! Et pourtant, il nous paraît impossible d'agir autrement. Comme si nous n'avions cure de guérir, comme si aller mieux était le cadet de nos soucis. À l'évidence, le savoir pèse peu.

Pire encore, la connaissance est quelquefois un piège. La volonté de comprendre, l'obstination que nous mettons à traquer l'illusion dans notre existence, le ressassement indéfini des raisons qui nous poussent à tel ou tel acte ne sont bien souvent que des pratiques dilatoires. Nous voulons connaître pour ne pas avoir à changer, parce qu'il est plus facile de remuer des idées que de se remuer, ou parce qu'il semble plus commode de se convaincre qu'on a changé quand on a simplement modifié son discours. La pratique de la philosophie devient alors une fuite, qui ajourne le règlement des vrais problèmes. S'il est un philosophe qui, mieux qu'un autre, nous met en garde contre cette tentation, c'est Aristote :

> « La plupart [...] cherchent refuge dans l'argumentation, croyant se consacrer à la philosophie et ainsi pouvoir être vertueux. Ils font un peu comme les personnes souffrantes qui écoutent attentivement parler leurs médecins, mais ne font rien de ce qu'ils prescrivent. Pas plus donc que ceux-là n'auront la santé du corps en se soignant de la sorte, ils n'auront, eux non plus, celle de l'âme en se consacrant à la philosophie de cette façon. » (*L'Éthique à Nicomaque*[1], II, 1105 b 12-18)

L'essentiel ne se joue pas là, mais à un autre niveau, telle est la conviction d'Aristote. Changer ce qui ne va pas dans notre vie, lorsque nous n'aimons pas ce que nous sommes, lorsque nous sommes fatigués d'en souffrir, requiert bien autre chose qu'un simple changement d'opinion…

---

1. *L'Éthique à Nicomaque*, traduction R. Bodéüs, Flammarion, 2004. Nous utiliserons désormais les lettres E.N. pour désigner cette œuvre.

Quand le savoir ne sert à rien

Notre ignorance n'est pas à l'origine de nos problèmes existentiels, car la connaissance n'a rien à dire au sujet de ce qui est « bon » ou « mauvais ». Cette question relève de nos préférences, de nos désirs.

À propos du bien et du mal

Nous attendons de la connaissance qu'elle nous éclaire sur ce que nous devons faire, qu'elle nous fixe un but ou nous indique une direction, alors que ce n'est pas sa fonction. Nous lui faisons ainsi jouer un rôle qu'elle ne peut ni ne doit assumer dans la conduite de notre vie.

> « Ce n'est pas [...] la faculté intellectuelle ni ce qu'on nomme l'intellect qui constitue le principe moteur. En effet, l'intellect théorique ne pense rien dans l'ordre pratique, ni ne se prononce sur ce qu'il faut fuir ou rechercher : or le mouvement local concerne toujours la fuite ou la recherche d'un objet. Et lors même que l'intellect connaît un objet de cet ordre, il ne commande pourtant alors ni la fuite ni la recherche. » (*De l'âme*[1], III, 9)

Le savoir est censé nous permettre de discerner le vrai du faux. Il nous renseigne sur la réalité, mais n'a pas pour fonction de l'évaluer ou de la juger : il se prononce sur ce qui est, non pas sur ce qui devrait être. Ainsi, il nous enseigne par exemple que la sincérité nuit parfois à l'amitié, mais ne nous indique pas s'il faut préférer la vérité à ses amis. Il nous dit que nous

---

1. Nous utiliserons désormais les lettres D.A. pour désigner cette œuvre.

héritons de notre enfance une somme de souffrances dans lesquelles nous nous débattons, mais ne répond pas à la question : « Devons-nous chercher à nous en débarrasser ? » Beaucoup d'artistes puisent en effet leur capacité à créer dans leurs souffrances, au point que leur talent en pâtirait certainement s'ils tâchaient de se mieux porter.

Le savoir impose des faits, pas des normes. Or nombre d'experts ou d'hommes de science tendent à vouloir imposer leur jugement en s'autorisant de leur compétence théorique. Si un homme souffre au point qu'il juge préférable de mourir, est-ce au médecin de lui imposer de demeurer en vie ? La compétence de ce dernier le rend capable de protéger et de prolonger cette vie, mais pas de décider si une vie de souffrance vaut mieux qu'une mort rapide. Les décisions pratiques, par lesquelles nous choisissons les fins que nous voulons poursuivre, seuls ou à plusieurs, ne relèvent d'aucune expertise théorique. Elles sont affaire de préférence.

Ce que je désire est forcément bon...

Décréter qu'une chose est bonne ou souhaitable, qu'est-ce donc, sinon exprimer un désir ? Le désir n'est pas seulement cette force qui nous meut. C'est aussi simultanément une forme de jugement à propos de ce qui doit être tenu pour bon. À l'expression d'un désir correspond toujours une forme de représentation intellectuelle.

> « En général donc [...], c'est parce qu'il désire que l'être vivant se meut lui-même. Mais la faculté désirante n'est pas indépendante de la représentation. » (D.A., III, 11)

Désirer une chose revient donc implicitement à la trouver bonne, à prononcer *in petto* un jugement sur sa qualité. Certes, nous pouvons vouloir nous duper en prétendant désirer des choses que nous savons pertinemment être mauvaises. Mais si nous étions vraiment convaincus qu'elles l'étaient, les désire-rions-nous encore ? Si nous continuons à les vouloir, c'est parce que, malgré tous les défauts que nous sommes disposés à leur reconnaître, elles continuent à nous paraître globalement bonnes. Ainsi, un homme peut désirer une femme tout en lui trouvant mille défauts et en admettant, devant ses amis, qu'elle n'a vraiment rien pour plaire. En réalité, il juge qu'il y a en elle quelque chose qui rédime tous ses défauts apparents. S'il ne se l'avoue pas nécessairement, il ne croit pas ses propres mots lorsqu'il affirme : « Oui, tu as raison : elle n'a rien d'intéres-sant, je ne sais pas ce que je lui trouve… »

Au mieux, ce genre de discours traduit notre embarras à justifier notre préférence. Au pire, il est un mensonge qui nous pousse à réciter des mots « à la manière des acteurs de théâtre[1] », pour éviter d'encourir le jugement des autres. Nous leur disons ce qu'ils souhaitent entendre de nous, en leur lais-sant entendre par là que notre désir est en désaccord avec notre sincère opinion. En réalité, il ne l'est pas. Il suffit de mesurer à quel point il est difficile d'entendre dire du mal d'une personne à qui nous tenons. Si ce que nous pensons d'elle n'avait rien à voir avec ce que nous éprouvons pour elle, nous entendrions volontiers ces critiques. Mais elles nous paraissent toujours injustes et odieuses, précisément parce que désirer quelqu'un, c'est le juger désirable. Nous supportons donc difficilement tout discours malveillant qui viserait à nous persuader du contraire.

… et vice versa

Inversement, penser qu'une chose est bonne, c'est vouloir immédiatement cette chose.

____

1. E.N., VII, 1147 a 23.

Le désir a donc deux versants : une face intellectuelle (nous jugeons qu'une chose est souhaitable) et une face « motrice » (nous fournissons un effort pour atteindre cette chose).

« Quand l'objet est bon ou mauvais, elle [la pensée] affirme ou nie, fuit ou poursuit. » (D.A., III, 7)

Il y a donc une étroite correspondance entre l'action d'affirmer et celle de poursuivre, entre l'action de nier et celle de fuir. Si je suis convaincu qu'une chose est bonne, je la poursuis sans pouvoir me retenir. Les gradins des stades sont remplis de supporters qui jugent tellement souhaitable le succès de leur équipe qu'ils ne peuvent s'empêcher d'être tendus avec les joueurs dans l'effort de gagner. Leurs jambes trépignent comme s'ils étaient sur le terrain, leur respiration devient haletante à l'approche d'une action décisive, leur joie est aussi pleine en cas de victoire et leur peine aussi accablante en cas de défaite que s'ils avaient eux-mêmes participé à la rencontre. Ils ne se contentent pas de regarder le match, ils le vivent littéralement. Leurs facultés motrices sont d'autant plus actives qu'ils sont convaincus que leur équipe *devrait* gagner.

Une personne qui ne s'intéresse pas du tout au sport peut avoir beaucoup de mal à comprendre l'enthousiasme excessif qui frappe le supporter de démence lorsqu'il mouille le maillot devant son poste de télévision. C'est que, contrairement à lui, elle n'est pas autant convaincue du caractère absolument souhaitable de la victoire. Pour tout dire, elle s'en moque. Cela facilite grandement le détachement apollinien dont elle fait montre, jugeant puérils les emportements auxquels elle est tenue d'assister. Là où il n'y a pas de sincère conviction, il n'y a pas non plus de désir… et donc, par la force des choses, aucune tendance à trépigner sur le sofa du salon !

Du désir faible à l'évidence

Le désir est donc une espèce de conviction, d'autant plus forte qu'elle revêt un caractère d'évidence. Le fait de délibérer longuement à propos de ce que nous voudrions faire trahit par conséquent une véritable faiblesse du désir : ce dernier n'est pas suffisamment fort pour nous indiquer clairement la direction à prendre.

Un enfant qui s'ennuie chez lui aura tendance à répéter *ad nauseam* qu'il ne sait pas quoi faire. Son embarras n'est évidemment pas lié à la difficulté qu'il y aurait à trouver une activité. Il procède d'un éreintement du désir qui est justement la marque même de l'ennui. L'enfant ne sait pas quoi faire et se demande continuellement quoi faire… parce qu'il n'a simplement envie de rien. Moins il s'active, moins il désire. Malheureusement, sa faculté à désirer s'atrophie à mesure que l'inertie le gagne. Dépourvu de désir, il ne sait plus quoi faire… et son ennui s'alimente tout seul.

Pareillement, nous sommes ouverts à la négociation lorsque la faiblesse de notre désir nous laisse la liberté de l'être. Un homme sans grande conviction est toujours très ployable. Il cède facilement ses positions, sans prendre la peine de les défendre vraiment, et n'attend pas le feu roulant de la contradiction pour admettre sa défaite. En théorie, l'aptitude à entendre raison est une grande qualité, un gage d'honnêteté intellectuelle. Mais en pratique, cette disposition est plutôt le symptôme d'un désir incertain et d'une inaptitude à éprouver clairement ce que l'on veut. Quand on ne tient à rien, on cède facilement sur tout.

La marque qui rend reconnaissable la présence du désir est donc l'immédiateté. Le désir s'impose, il va de soi sans avoir besoin d'être délibéré.

> « Un médecin qui délibère en effet ne se demande pas s'il doit apporter la guérison, ni un orateur s'il doit se montrer convaincant,

> ni un politique s'il doit produire une bonne législation, et personne d'autre ne s'interroge sur la fin. Au contraire, une fois qu'on a posé la fin, on regarde la question de savoir comment et par quels moyens on peut l'atteindre. » (E.N., III, 1112 b 14-17)

Sinon, nous devrions discuter de tout, indéfiniment, sans jamais pouvoir trouver de point d'accord. Il en va ici, dit Aristote, comme pour une démonstration : on ne peut « remonter à l'infini », il faut nécessairement partir d'un point de départ qui est le présupposé à partir duquel le reste peut être démontré. C'est le rôle des postulats et des axiomes en mathématiques, qui sont la base des raisonnements. La validité des conclusions obtenues en dépend : si les premières vérités sont contestables, la conclusion qui en dérive le sera également. Une conclusion est convaincante lorsqu'elle dérive logiquement d'évidences auxquelles on souscrit sans hésitation. Aristote est le père de la logique, il a montré comment nos raisonnements pouvaient être formalisés sous l'aspect de syllogismes : certaines prémisses étant posées, une conclusion en dérive nécessairement. Or, dans le domaine pratique, ce qui nous sert de prémisse n'est rien d'autre que le désir.

> « Dans les actions, c'est le but visé qui constitue le point de départ, comme le sont en mathématiques les présupposés. » (E.N., VII, 1151 a 16)

Des postulats différents à l'origine de nombreux différends

Nombre de nos désaccords avec les autres s'évanouiraient si nous faisions l'effort d'admettre la présence de nos désirs en prémisses de nos raisonnements pratiques. Pourquoi avons-nous si souvent le sentiment de discuter pour rien et de nous laisser entraîner dans des dialogues de sourds avec des personnes qui ne seront de toute manière jamais d'accord avec nous, quoi que nous disions pour les convaincre ? Est-ce parce qu'elles sont de mauvaise foi, qu'elles ne veulent pas entendre raison ? Dans la plupart des cas, la mésentente est due au fait que nous ne partons pas des mêmes prémisses au sujet de ce qui est désirable. Nous discutons inlassablement, enchaînant des démonstrations qui nous semblent impeccables... mais comme nous n'utilisons pas les mêmes points de départ que les autres, nos conclusions paraissent toujours fausses à leurs yeux.

C'est la raison pour laquelle la sagesse populaire conseille de ne jamais parler politique en famille. Les discussions entêtantes sur le droit à l'avortement, la légalisation du mariage homosexuel, le statut des immigrés ou le régime fiscal peuvent prendre des tours excessivement techniques. Cela laisse penser, à tort, que ces problèmes relèveraient d'une décision théorique instruite par la connaissance et l'expertise. Certains auraient raison et d'autres tort, faute de savoir clairement de quoi ils parlent. Il y aurait donc lieu de parler pour convaincre, puisque le savoir dissipe l'ignorance. En réalité, le fond du problème est ailleurs : la mésentente ne procède pas d'une différence de compétences, mais d'un désaccord profond au sujet de ce qui est désiré. De manière très caricaturale, nous pourrions dire que certains préfèrent l'ordre à la justice, que d'autres désirent l'égalité là ou leurs adversaires recherchent la liberté, que certains défendent le caractère sacré de la vie face à ceux qui tiennent plus que tout à la libre disposition de soi...

Ces désaccords ne peuvent être tranchés par un raisonnement, aussi long soit-il, parce qu'ils ne relèvent pas du tout de la connaissance. Ils sont affaire d'inclination, et le savoir n'a pas son mot à dire là-dedans.

Le savoir, instrument du désir

Le savoir peut seulement nous éclairer sur les meilleurs moyens à mettre en œuvre pour réaliser nos objectifs : d'un point de vue pratique, il est l'instrument qui permet à notre action d'être efficace. Or, cette efficacité qui rend le savoir recommandable peut également faire de lui un puissant allié de notre bêtise. Un individu animé de désirs pervers sera en effet d'autant plus nuisible à lui-même et aux autres qu'il fera preuve d'habileté dans la conduite de ses projets. Nous connaissons tous des individus très intelligents qui semblent pourtant, par un étrange paradoxe, les moins sensés de tous, parce qu'ils mettent toute leur puissance intellectuelle au service de désirs ineptes. Leur capacité théorique, loin d'être un atout, devient l'aliment permanent de leur égarement. Bien qu'ils soient intelligents, comme ils pensent mal cependant ! Ils mènent plus loin que d'autres leur raisonnement pratique puisque leur aptitude intellectuelle est considérable, mais comme leur désir est faussé, le résultat de leurs actes est absurde. À leurs yeux, ce dernier reste cependant logique, car ils ne voient pas la perversion du principe. Curieuse situation, qui fait tout l'écart pour Aristote entre l'habileté louable et la rouerie.

> « La capacité en question est ce qu'on appelle l'habileté. Or elle est de nature telle que tout ce qui contribue au but supposé, elle peut l'exécuter et y atteindre. Ainsi donc, si le but est beau, elle est louable, et s'il est vilain, elle est rouerie. » (E.N., VI, 1114 a 25)

Ainsi, nous aurions donc bien tort de considérer le savoir comme un idéal qui aurait la vertu de nous délivrer, à lui seul, des impasses dans lesquelles nous nous engageons. Si nous voulons comprendre pourquoi la conduite de notre vie nous paraît souvent si pitoyable, c'est plutôt à nos désirs que nous devons nous intéresser.

Questions vitales

1. Vous arrive-t-il de percevoir derrière certains de vos arguments un désir inavoué ? Quels sujets de conversation suscitent en vous une susceptibilité inhabituelle ? Le désir contrarié est bien plus facile à débusquer que le désir que rien n'empêche. Là où réside votre colère gît aussi votre désir…

2. Que répondez-vous le plus souvent à la question : « Qu'as-tu envie de faire ce soir ? » Si vous avez tendance à prononcer la phrase rituelle : « Ce que tu veux ! », c'est peut-être moins par politesse que par manque d'envie. Si cette attitude est chronique, il est temps de vous interroger : pourquoi avez-vous si peu de désirs ? Dire « je veux », pour beaucoup d'entre nous, relève d'un véritable exploit. C'est que nous en avons longtemps été découragés.

Parents qui imposent, maîtres qui dictent et patrons qui édictent… à force de docilité, on devient arrangeant, avec très peu de désirs.

3. Avez-vous remarqué que, dans tous les domaines (sport, cuisine, sexualité, etc.), l'inaction et le manque d'entraînement tendent à empâter singulièrement le désir ? Moins vous en faites, moins vous désirez en faire. En revanche, dès que vous commencez à agir, les désirs poussent à la porte, impatients de se délivrer de leur longue hibernation !

4. Vous arrive-t-il de rencontrer toujours les mêmes échecs (sur le plan amical, amoureux, professionnel, etc.), quelle que soit la vigilance dont vous faites preuve dès qu'une nouvelle occasion se présente ? Si vous êtes abonné aux déconfitures, n'imaginez pas que vous êtes la proie d'une malédiction. Votre façon de faire n'y est peut-être pour rien, pas plus que votre manque de chance. En revanche, il est probable que votre désir pour certaines choses ou certaines personnes vous voue invariablement à de telles impasses…

La tragique ambition
d'être heureux

Quand nous évoquons nos désirs, nous imaginons souvent une somme éparse d'aspirations qui voisineraient de manière désordonnée. En réalité, le monde de nos désirs est beaucoup plus structuré que nous ne le pensons.

Derrière le désir

De nombreuses choses que nous désirons – ou plutôt que nous croyons désirer – ne sont en réalité pas désirées pour elles-mêmes. Sans en avoir nécessairement conscience, nous les désirons en vue d'un objectif qui, bien souvent, demeure lui inavoué. La psychanalyse regorge d'exemples fascinants dans lesquels le patient découvre que ce qu'il croyait tant désirer dissimulait en réalité un autre désir.

Bien sûr, Aristote n'est pas Freud. Il ne dit pas que nos désirs sont « refoulés », rejetés dans la nuit de l'inconscient, mais qu'ils sont suffisamment intriqués pour que nous soyons nous-mêmes incapables de démêler l'écheveau complexe formé. La chaîne est parfois si longue que nous perdons facilement de vue la raison initiale qui nous avait mis en mouvement. Nous poursuivons alors sur notre lancée, sans plus percevoir où nous allons, de sorte que le moyen tend quelquefois à devenir une fin. Par exemple, certaines personnes passent tant de temps à s'occuper de leur argent qu'elles finissent par oublier pourquoi elles tenaient autant à en avoir !

Quand la fin disparaît

C'est ainsi que le désir d'entreprendre certaines actions survit longtemps à la disparition des objectifs qui rendaient ces actions désirables. Un retraité continuera d'avoir envie de se lever de bon matin et de se comporter en tout comme s'il devait se rendre au travail. Tout se passe comme si la poursuite des moyens permettait de garder en creux la présence d'une fin précieuse désormais impossible.

Parfois, au contraire, la disparition de cette fin rend criante l'inutilité d'actions qui deviennent d'un seul coup absurdes et ridicules, rejetées à leur méprisable statut de moyens. « À quoi bon ces efforts, puisqu'elle est partie ? se demande l'homme brisé par une rupture. À quoi bon se lever, manger, s'habiller, réussir professionnellement ? Je ne vivais que pour elle... » C'est en disparaissant soudain que la fin apparaît sous son éclat le plus vif. Nous mesurons d'autant mieux la raison d'être de nos actions lorsque cette raison nous est soustraite et qu'il ne reste que des actions orphelines dont le sens, soudain, nous échappe.

Une organisation complexe de fins et de moyens

Nos désirs sont donc bien intriqués suivant une organisation complexe de moyens et de fins. L'exemple le plus manifeste de cet agencement, selon Aristote, se trouve à l'échelle politique, dans l'organisation des corps de métier.

Subordonner certaines pratiques à d'autres n'est pas un choix exclusivement technique. L'organisation des corps de métier au sein d'une société traduit sans doute une exigence d'efficacité, la même que nous trouverions dans l'organigramme d'une entreprise. Mais l'efficacité demeure toujours fonction d'une fin que l'on s'est d'abord assignée et que l'on prend rarement la peine de poser explicitement.

Le régime politique de Sparte, par exemple, était entièrement subordonné à une vocation militaire. L'éducation des jeunes enfants, l'organisation de la vie familiale, les rapports de sujétion sociale... tout y était pensé en vue d'assurer la supériorité guerrière de la Cité. Un citoyen moderne trouverait cette organisation hautement inefficace, au regard du mépris qu'elle affichait pour la prospérité économique et la richesse culturelle. Mais elle se justifiait par le choix de placer le guerrier en position d'éminence.

> « La médecine, par exemple, a pour fin la santé ; la construction navale, le bateau ; la conduite des armées, la victoire, et l'économie, la richesse. Mais toutes les techniques de ce genre sont subordonnées à quelque capacité unique, exactement comme sont subordonnés à l'art du cavalier, le métier de fabriquer des mors et tous les autres métiers qui servent aux équipements de cavalerie, tandis que cet art lui-même, ainsi que toute opération guerrière, se trouve subordonné à la conduite des armées et pareillement, d'autres techniques à des techniques différentes. Or, dans tous les cas, les fins que s'assignent les disciplines maîtresses sont préférables à toutes celles qui leur sont subordonnées, car c'est en fonction des premières qu'on poursuit les secondes. » (E.N., I, 1094 a 10-17)

Le libre entrepreneur a aujourd'hui remplacé l'hoplite[1] conquérant ; l'organisation des corps de métier est désormais aménagée en fonction d'une fin qui n'est plus tant la victoire militaire que la prospérité économique de la Nation. Autres époques, autres mœurs... La répartition des corps de métier, leur place attitrée dans une hiérarchie implicite n'est jamais une décision qui va de soi. Elle reflète toujours un choix de société et engage une résolution commune à propos des fins que nous voulons poursuivre de conserve.

---

1. Soldat d'infanterie de la Grèce antique.

La hiérarchie des fins

La cohérence de nos désirs ne s'arrête toutefois pas à ce seul niveau d'organisation. Nous ne nous contentons pas de hiérarchiser nos différentes envies sur l'écheveau des fins et des moyens. Nous établissons aussi un ordre de priorité entre les fins que nous poursuivons.

Ainsi, il peut nous paraître préférable de mener une vie de famille épanouie plutôt que de réussir professionnellement. Nous pouvons privilégier l'obéissance à Dieu à toute autre forme d'obéissance. Nous pouvons souhaiter ardemment protéger l'environnement et nous montrer disposés pour cela à sacrifier le confort d'une consommation débridée. Nous pouvons consacrer notre vie aux défavorisés, quand d'autres préfèrent jouir d'une liberté sans concession… Que signifient ces préférences ? La première indique que nous considérons la réussite professionnelle comme acceptable et désirable tant qu'elle ne nuit pas à notre vie de famille. La deuxième, que nous considérons justifiable l'obéissance à la loi civile, tant qu'elle n'empêche pas l'obéissance à Dieu, etc. Autrement dit, nous admettons implicitement que la réussite professionnelle ou l'obéissance civile ne doivent pas seulement valoir en elles-mêmes, mais aussi comme des conditions qui ne nous empêcheraient pas de poursuivre des fins plus élevées. Elles valent donc à la fois comme des fins, mais aussi comme les moyens d'autres fins.

> « Est final, disons-nous, le bien digne de poursuite en lui-même, plutôt que le bien poursuivi en raison d'un autre ; de même, celui qui n'est jamais objet de choix en raison d'un autre, plutôt que les biens dignes de choix et en eux-mêmes et en raison d'un autre ; et donc, est simplement final le bien digne de choix en lui-même en permanence et jamais en raison d'un autre. » (E.N., I, 1097 a 29)

Pour être en mesure de hiérarchiser nos objectifs, nous sommes donc amenés naturellement à distinguer ceux qui vaudraient aussi comme moyens, de ceux qui ne pourraient jamais être rabaissés au rang de condition parce qu'ils seraient « la fin suprême » à laquelle les autres fins peuvent éventuellement être sacrifiées. Chacun d'entre nous a ainsi sa propre manière de fixer son ordre de priorité, de choisir ce qui doit passer avant tout.

Priorité au bonheur

Finalement, poser ainsi nos priorités, qu'est-ce d'autre sinon déterminer ce qui doit nous rendre heureux ? En effet, le bonheur est par définition cet état qui, réduit à lui seul, rendrait tout de même la vie suffisante.

> « Quant à la suffisance que nous posons, elle est le caractère de la chose qui, réduite à elle seule, rend l'existence digne d'élection et sans le moindre besoin. Or, ce caractère appartient au bonheur, croyons-nous. » (E.N. I, 1097 b 14-15)

Quand nous devons définir nos priorités, la question que nous nous posons est immanquablement : « Que dois-je choisir pour être le plus heureux possible ? Où réside mon bonheur ? » Ainsi s'interroge la femme qui hésite à sacrifier son désir d'enfant pour assurer sa réussite professionnelle, l'ouvrier qui se demande s'il doit travailler plus pour gagner plus, le grand philanthrope qui souhaite franchir le pas de se consacrer totalement aux autres, y trouvant une forme de bonheur désintéressé. C'est aussi cette question que nous nous posons toutes les fois que nous hésitons à tout abandonner pour tout recommencer, ailleurs. Les grands changements de notre existence, les refontes complètes que nous sommes parfois amenés à opérer et qui sont toujours des moments de crise correspondent à un profond remaniement de nos priorités.

Dans le domaine des relations amoureuses par exemple, nos brusques changements d'affection sont souvent le reflet exact de nos changements de conviction. La déprise amoureuse traduit notre incapacité à nous reconnaître dans l'idéal de « vie bonne » qui était jusque-là le terreau de la relation. Rien d'étonnant, dans ces conditions, à ce qu'une rupture amoureuse soit propice aux pires déchirements. Deux personnes qui se comprenaient et s'entendaient parfaitement, parce qu'elles partageaient le même idéal de vie, se découvrent soudain étrangères l'une à l'autre malgré la grande familiarité que les années ont tissée entre elles. Elles ne parlent plus le même langage, parce que leurs priorités ne sont plus les mêmes. Chacune constate alors avec stupéfaction que l'autre est capable de commettre des actes qui lui paraissent inexplicables et injustifiables, car toutes deux ignorent encore qu'elles ont perdu leur référentiel commun. Leur image du bonheur étant désaccordée, elles ne peuvent plus être heureuses ensemble.

Notre existence tout entière, toute l'économie de nos désirs sont suspendues à notre ambition d'être heureux. Bien sûr, nous ne nous attendons pas à ce que chacune de nos décisions concoure à notre bonheur – une telle pensée serait illusoire. Une promenade vespérale ou un dîner entre amis n'a pas forcément vocation à être une contribution significative à notre bonheur. Ce sont de bons moments qui se suffisent à eux-mêmes, sans avoir à chercher plus loin. Mais si le bonheur n'est pas notre unique fin, il n'en demeure pas moins notre « fin suprême » : sitôt qu'une décision nous paraît compromettre trop manifestement la bonne marche de ce bonheur, elle devient *ipso facto* problématique.

Une existence plus cohérente qu'il n'y paraît

Il peut sembler assez suspect de considérer que notre vie présenterait une telle cohérence. En temps ordinaire, nous n'avons guère le sentiment de vivre de cette manière. Nous avons plus l'impression de nous laisser vivre, sans nous poser trop de questions et sans rechercher particulièrement un bonheur qui nous semble, de toute manière, inaccessible. À ce type d'objection, nous pouvons faire deux réponses.

Premièrement, le bonheur n'est rien d'autre qu'un nom, le nom de cette chose que nous préférons à toute autre et pour laquelle nous serions prêts à sacrifier les autres biens si, par là, nous étions assurés de l'obtenir. Chacun a sa façon de nommer cette chose, mais personne ne peut manquer d'avoir des préférences, ni de placer un certain bien au-dessus des autres. La prétention même qu'ont quelques-uns de ne pas chercher le bonheur est une façon paradoxale de le définir. S'ils ne veulent pas rechercher le bonheur, c'est au nom d'une préférence inavouée qui les conduit à ne surtout pas vouloir se fixer une règle de vie. En somme, malgré leur intention de principe, ils fuient une certaine idée du bonheur (un but à poursuivre) au profit d'une autre (un but qui serait l'absence paradoxale de tout but). Ambitionner de ne pas s'embarrasser d'un idéal est une forme d'idéal qu'Aristote juge sans complaisance.

> **« Ne pas ordonner sa vie à une fin est vraiment un signe de grande sottise. »** (*L'Éthique à Eudème*[1], I, 2)

Deuxièmement, il est vrai que nous passons rarement notre temps à nous demander quel est notre idéal de « vie bonne ». La plupart du temps, la réponse que nous apportons à cette question passe inaperçue, car elle va de soi. Mais ce n'est pas pour cette raison qu'elle n'existe pas ! Sur ce point, les choix que nous faisons et les décisions que nous prenons nous trahissent plus que nos discours. Considérés ensemble, ils prennent une cohérence que nous ne suspectons pas, mais à laquelle serait très sensible notre biographe. Mieux encore, en de rares occasions, dans les grands moments de dilemme, nous sommes

---

1. *L'Éthique à Eudème*, traduction V. Décarie, Vrin, 2007.

amenés à faire des choix lourds de conséquence : « Vais-je quitter cet emploi lucratif pour partir vivre dans les bois à la manière de Thoreau[1] ? », « Vais-je renoncer à l'amour pour préserver ma liberté ? », etc. Chaque fois, prendre une décision revient à clarifier nos préférences et à les rendre explicites à nos propres yeux. Elles étaient là, contenues implicitement dans nos agissements ordinaires, mais c'est dans ces moments de crise qu'elles se révèlent à nous.

Quand la quête du bonheur pousse à tout sacrifier

Tous les hommes recherchent le bonheur. Hélas ! car si le bonheur est ce qui justifie nos préférences, que ne sommes-nous prêts à lui sacrifier ! Au nom d'une certaine idée du bonheur, nous pouvons être amenés à précipiter notre propre malheur, en sacrifiant bien plus que nous ne devrions. Cela arrive dès que nous estimons, à tort ou à raison, que beaucoup de choses qui paraissent désirables sont aussi des entraves à la poursuite d'un bonheur authentique. Nous pouvons ainsi tout sacrifier : la santé, la gloire, le confort d'une existence prospère… Tant que nous avons le sentiment de demeurer heureux dans ces renoncements, l'essentiel est sauf. Un ascète du désert n'a renoncé à rien s'il a renoncé à tout au nom de son Dieu. Réduit à lui seul, le bonheur nous suffit, il justifie pleinement notre existence : « S'il est heureux comme cela, tant mieux ! »

Or c'est exactement cela qui fait souffrir la jeune Antigone, cette petite fille noiraude qu'Anouilh met en scène. Lors d'une explication brutale avec son oncle Créon, la jeune héroïne défend une conception du bonheur très exigeante, qui l'apparente à une

---

1. Dans *Walden ou la vie dans les bois*, publié en 1854, l'écrivain américain Henry David Thoreau raconte la vie recluse qu'il a menée dans une cabane au milieu de la forêt pendant deux ans, deux mois et deux jours.

forme d'absolu. Rivée à cet idéal, Antigone ne peut se résoudre à accepter le bonheur plus ordinaire que lui propose le roi de Thèbes, un bonheur au rabais, tissé de modestes désirs qu'elle s'empresse de mépriser.

> « Vous me dégoûtez tous avec votre bonheur ! Avec votre vie qu'il faut aimer coûte que coûte. On dirait des chiens qui lèchent tout ce qu'ils trouvent. Et cette petite chance pour tous les jours, si on n'est pas trop exigeant. Moi, je veux tout, tout de suite, – et que ce soit entier – ou alors je refuse ! Je ne veux pas être modeste, moi, et me contenter d'un petit morceau si j'ai été bien sage. Je veux être sûre de tout aujourd'hui et que cela soit aussi beau que quand j'étais petite – ou mourir[1]. »

Or transformer le « bien suprême » en un bien idéal conduit facilement à abdiquer des désirs parfaitement sains. Par excès d'exigence, nous laissons ainsi se perdre des biens authentiques, renonçant à les poursuivre parce que nous courons furieusement après le modèle parfait dont ils ne seraient que de pâles imitations. Nous avions tout pour être heureux. Las ! Convaincus qu'il fallait tendre vers autre chose de plus parfait, de plus grand, de magnifique, nous avons laissé passer notre chance et avons travaillé à notre propre malheur, par excès de zèle.

Combien d'entre nous se sont ainsi refusés à vivre l'amour, sous prétexte qu'ils attendaient de connaître l'Amour ? Combien d'heures heureuses ont été passées par pertes et profits pour satisfaire aux promesses des lendemains qui chantent ? La gourmandise qui nous pousse vers ces dignes majuscules nous précipite dans un dégoût du monde, et chaque bien se trouve ainsi nimbé d'une aura de médiocrité.

---

1. J. Anouilh, *Antigone*, La Table Ronde, 2008.

Sur la pente glissante du besoin de reconnaissance

L'inverse est vrai aussi : la quête du bonheur nous pousse parfois à désirer des choses que nous n'aurions jamais convoitées si nous n'avions pas été aveuglés par notre obsession. Un coureur cycliste consent à user de stéroïdes pour s'assurer la victoire, car il voit en elle l'aboutissement de toute sa vie. Un révolutionnaire élimine sans pitié ses ennemis, car il ne les perçoit que comme des obstacles à l'avènement d'une société parfaite. Une jeune fille se rend malade à force de vouloir maigrir, car la beauté lui paraît le premier de tous les biens. Aucune de ces aspirations, aucun de ces désirs n'est en lui-même condamnable. Ce qui l'est, en revanche, c'est la préférence marquée qui lui est accordée et qui le fait passer avant tous les autres en position de « bien suprême ».

Devenu principe, même le bien le plus authentiquement désirable peut se transformer en une machine à broyer qui nous aveugle, au point de ne même plus nous faire sentir ce que devrions vouloir. Ainsi en va-t-il par exemple de la quête de reconnaissance, du désir d'être considéré par ses pairs, de cette volonté de sentir l'éloge pousser autour de soi. Aristote ne condamne pas ce genre d'aspiration : l'ardillon de l'ambition porte bien souvent à donner le meilleur de soi, à se dépasser. L'homme magnanime n'est pas indifférent aux honneurs.

> « Même sans argument d'ailleurs, on voit bien que l'affaire des magnanimes est l'honneur, puisque l'honneur est le principal égard dont les grands se jugent dignes, et à juste titre. » (E.N. IV, 1123 b 22)

Mais quand on se précipite corps et âme dans la quête éperdue de notoriété, au point de sacrifier toute décence et toute vertu ; quand on se montre prêt à tous les reniements pour satisfaire la vanité d'une couverture de magazine… c'est que la limite a été dépassée. L'honneur se trouve soudain en position de bien suprême. Il est alors, littéralement, l'image du bonheur. La star de cinéma qui se prête à d'incessantes compromissions pour arracher une affiche ; le jeune écrivain qui, comme le Rubempré des *Illusions perdues*, s'avilit pour mieux s'élever ; le travailleur qui immole sa vie de famille sur l'autel de la réussite professionnelle… toutes ces figures illustrent ce que devient la quête de reconnaissance lorsqu'elle prend des allures de but ultime.

Questions vitales

1. Comment vous sentez-vous au réveil lorsque vous vous êtes disputé avec votre conjoint la veille ? Vous levez-vous de fort méchante humeur ? Avez-vous l'impression que rien ne va ? Les enfants font trop de bruit, la maison est trop sale, le chien est énervant et vous devez encore passer faire des courses, ce soir, en rentrant du travail… Rien que de très normal ! Votre contrariété s'est étendue durant la nuit à toutes les choses de la vie ordinaire qui sont liées, directement ou indirectement, à votre vie de couple. Si le noyau vacille (ici le désir amoureux), c'est toute une organisation de moyens qui vacille avec lui, si bien que la moindre action devient d'un seul coup terriblement pesante.

2. Pensez-vous que chacun trouve son bonheur où il veut, que chacun est libre de choisir ses priorités comme il l'entend ? Si c'est ce que vous pensez, à la bonne heure ! Vous n'imposerez rien aux autres. Mais de là à affirmer que n'importe quel choix de vie est légitime… Votre bienveillant libéralisme ne pousse sans doute pas aussi loin. Autrement, pourquoi êtes-vous si naturellement porté à médire des autres ? N'est-ce pas qu'à votre avis, ils s'égarent et creusent leur perte en croyant bâtir leur bonheur ? Le spectacle des misères d'autrui ne vous permet-il pas de vous rassurer sur vos propres choix de vie ?

3. Y a-t-il des personnes qui suscitent en vous une antipathie immédiate, sans que vous n'ayez pourtant rien à leur reprocher ? Seriez-vous capable de dire pourquoi ? Bizarre, n'est-ce pas ? Aussi étonnant qu'une brusque sympathie ! Mais cela s'explique aisément : certains choix de vie présentent avec les vôtres de fortes dissemblances. Cela ne prête guère à conséquence, tant que la différence ne revêt pas l'allure d'un antagonisme. Les individus qui nous déplaisent au premier regard sont ceux qui incarnent à nos yeux un ordre de priorité non pas différent, mais radicalement inverse de celui que nous avons choisi.

Accros au plaisir

Notre vie est réglée d'après une certaine image du bonheur, très différente d'un individu à l'autre, et nous ne suivons pas toute notre vie le même principe d'existence. Un homme qui tombe malade n'aura nécessairement plus la même image du bonheur qu'au temps où sa santé lui était acquise. Mais toutes ces images, aussi différentes soient-elles, renvoient à un schéma similaire.

Une vieille habitude d'enfant

> « Dès le berceau, nous avons tous connu le plaisir, qui a grandi avec nous. C'est pourquoi il est difficile d'extirper cette affection, incrustée comme elle est dans l'existence. » (E.N., II, 1105 a 2-4)

La vie affective d'un petit enfant est dominée par la présence envahissante du plaisir. La familiarité qu'il entretient avec cet affect est naturelle, parce que le plaisir joue un rôle régulateur dans la préservation de la vie. Le rôle du plaisir, en effet, est d'« expulser la peine[1] ». Autrement dit, le plaisir est la sensation que nous éprouvons toutes les fois que notre organisme retrouve son état d'équilibre suite à un état de tension, soit lorsqu'il comble un manque. Chacun peut constater les faits suivants : le plaisir de manger augmente avec la faim, la santé est jouissive lorsqu'elle fait suite à la maladie, le sommeil est un délice pour celui qui en a longtemps été privé… La fonction

---

1. E.N., VII, 1154 a 28.

régulatrice du plaisir explique sa prééminence dans l'existence. Or l'éducation favorise plus cette prééminence qu'elle ne la contrarie.

> « Car il [le plaisir] passe pour être lié de manière on ne peut plus intime au genre d'animal que nous sommes. C'est pourquoi l'éducation des jeunes est comme le pilotage d'un navire qu'on orienterait par le plaisir et la peine. » (E.N., X, 1171 a 19-23)

Punitions et récompenses agissent en effet comme des régulateurs du plaisir et de la peine. On substitue au plaisir éprouvé par l'enfant qui vole un bonbon une douleur en le punissant. Inversement, on substitue au désagrément éprouvé par l'enfant qui doit ranger sa chambre une sensation agréable en le félicitant. En agissant ainsi, l'éducateur modifie l'économie des plaisirs et des peines, mais sans toucher dans le fond à la préséance du plaisir et de la peine dans la vie de l'enfant. Bien au contraire, il alimente cette tendance naturelle que nous avons à poursuivre notre plaisir en toutes circonstances, et se contente seulement de requalifier les choses auxquelles nous devons trouver du plaisir. Dans le détail, tout est modifié. Mais dans le fond, rien n'est changé !

Devenus adultes, nous demeurons donc naturellement tributaires de cet affect et continuons malgré nous à nous comporter en enfants.

> « Peu importe qu'on soit jeune par l'âge ou jeunet de caractère, car le défaut n'a rien à voir avec le temps, mais vient du fait qu'on se comporte affectivement dans la vie et la poursuite de chaque chose. » (E.N., I, 1095 a 6-8)

Tu prendras du plaisir

Aristote ne veut pas dire par là que nous agissons tous comme des « incontinents », incapables de résister à l'appel d'une jouissance immédiate, contrôlés que nous serions par de puissants appétits. En général, nous sommes parfaitement capables de surseoir à une satisfaction éphémère « en considération de l'avenir[1] ». Telle est la définition de la continence.

Mais justement, l'avenir au nom duquel nous nous imposons cette continence, le bonheur auquel nous sacrifions le plaisir immédiat garde lui-même une apparence de plaisir. De fait, en dépit de toutes nos différences, nous nous accordons unanimement à considérer le bonheur comme un état de plaisir durable. Si bien que, quoi que nous mettions en position de bien suprême, nous en attendons invariablement la même chose : qu'il nous procure du plaisir. C'est ce qu'un dévot attend de son Dieu, un ambitieux de la gloire ou un avare de la richesse.

Cette attente est si naturelle qu'elle nous semble naïvement normale. Un peu d'attention suffit pourtant à montrer qu'elle ne l'est pas. La recherche du plaisir en lieu et place du bonheur est la cause dissimulée de bien des souffrances que nous pourrions nous épargner. Considéré en lui-même, le plaisir n'est pas une mauvaise chose ; mais élevé au rang de fin suprême, érigé en absolu, il change d'un seul coup de nature et devient l'objet d'une quête obsessionnelle. Celui qui se lance dans cette quête en ressort épuisé, et bien souvent brisé. Il n'y a rien à reprocher à celui qui veut se faire plaisir. Le mal commence lorsque ce dernier investit ce plaisir de la lourde tâche de le rendre heureux.

Cette situation décrit assez bien la manière dont fonctionne notre société : la quête du plaisir n'est plus une tentation naturelle, mais une résolution permanente. La société exige de nous que nous participions activement à la poursuite du plaisir. Ainsi, l'orgasme a des allures d'injonction comminatoire, au travers des articles de magazines par exemple, qui mêle au plaisir que l'on prend quelque chose de l'engagement.

---

1. D.A., III, 10.

Le droit de s'amuser devient un devoir auquel il faut s'empresser de déférer par crainte d'être regardé de travers.

Intempérance vs incontinence

Cette manière de surinvestir le plaisir en l'érigeant en véritable idéal de vie fait, aux yeux d'Aristote, toute la différence entre l'*incontinent* et l'*intempérant*.

> « S'ils ont le même domaine [le plaisir], en revanche, ils n'ont pas la même attitude. Au contraire, les uns décident de ce qu'ils font, mais les autres non. Aussi devons-nous appeler intempérant quiconque, sans en avoir l'appétit ou très peu, s'adonne aux excès et cherche à éviter des peines modérées, plutôt que celui qui en fait autant parce qu'il souffre d'appétits violents. » (E.N., VII, 1148 a 18-20)

L'incontinence est l'incapacité de tenir ses résolutions, en raison d'appétits violents auxquels on se montre incapable de résister. Décider de ce que l'on veut est une chose, mais s'imposer de le faire en est une autre, bien plus difficile. Mille fois nous promettons de nous taire, et mille fois l'incontinence a raison de notre silence. Nous savons que nous ferions mieux d'arrêter de fumer, mais nous n'y parvenons pas. Nous voudrions suivre un régime, mais la simple vue d'un parisbrest mis en scène en vitrine de boulangerie triomphe de notre ambition. Nous passons ainsi notre temps à donner des coups de canif aux louables codes de conduite que nous nous étions fixés. Ce phénomène est si courant qu'il ne nous étonne plus, même s'il nous désole. Il révèle la force de nos appétits.

L'intempérance naît quant à elle de la conviction que le plaisir doit être recherché parce qu'il serait un bien. Lorsque nous sortons d'un copieux repas, par exemple, aucun appétit ne nous pousse plus à désirer manger. Et cependant, quoique nous soyons repus, nous acceptons volontiers la dernière sucrerie qui nous est offerte : « Pour le plaisir ! » L'homme intempérant, contrairement à l'incontinent, n'est donc pas vaincu par l'appel du plaisir. Au contraire, il recherche de manière raisonnée ce plaisir comme un bien et n'en éprouve donc jamais assez à son goût.

> « Celui qui poursuit les plaisirs excessifs ou à l'excès les plaisirs nécessaires et cela, en vertu d'une résolution, parce que ce sont des plaisirs et non pour un autre résultat, cet homme-là est un intempérant. » (E.N., VII, 1150 b 20-22)

Vers des plaisirs de plus en plus grossiers

Le premier travers de l'intempérance, qui explique nombre de nos comportements, est de nous pousser inévitablement vers l'excès.

> « En effet, les amateurs de plaisirs, comme on dit, sont ainsi appelés soit parce qu'ils font leurs délices de choses indues, soit parce qu'ils sont trop portés sur le plaisir, soit parce qu'ils partagent les plaisirs de la masse. Or, c'est sous tous les rapports que les intempérants manifestent de l'excès. Ils prennent en effet plaisir à certaines choses indues parce que détestables, et si quelquefois ils se plaisent à ce qu'il faut, ils s'y plaisent plus qu'ils ne doivent ou encore de façon vulgaire. » (E.N., III, 1118 b 22-26)

Cet inévitable excès tient au caractère extrêmement labile du plaisir : « Personne n'a continuellement du plaisir[1]. » Avec le temps, en effet, le plaisir que nous prenons à certaines choses s'émousse, et nous sommes forcés d'aller chercher ailleurs cette précieuse sensation. Passé les premiers émois et les transports qu'il peut éprouver dans sa nouvelle vocation, le converti doit toujours faire la pénible épreuve d'une traversée du désert. Ce phénomène d'essoufflement du désir est très courant. Comment expliquer ces moments réguliers dans la vie d'un croyant où, incapable des transports de sa jeunesse, il

---

1. E.N., X, 1175 a 3.

est d'un seul coup tenté de ne plus croire ? Sont-ce des temps de disette envoyés intentionnellement par Dieu pour éprouver sa foi ? Ou n'est-ce pas plus simplement qu'il est toujours dangereux d'alimenter sa foi à la source d'un émoi religieux fait de stupeur et de tremblement ? Beaucoup d'Églises évangélistes qui fleurissent aux États-Unis n'entretiennent la croyance de leurs fidèles que par une surenchère de démonstrations spectaculaires qui vise à prolonger le plus longtemps possible l'aptitude au transport religieux. Comme cette faculté s'émousse inévitablement avec le temps, il faut trouver le moyen de l'entretenir en proposant des stimuli de plus en plus violents. La violence du stimulus compense alors l'usure de la sensibilité.

Finalement, ce genre de stratégie n'est guère différent de l'attitude qu'adopte un amant pour prolonger un plaisir sexuel qui a perdu depuis longtemps le charme de la nouveauté. Lui aussi est condamné à se précipiter dans une course en avant qui n'a pas pour fonction d'augmenter son plaisir mais plus humblement de le maintenir à niveau. La préservation du plaisir dans une même direction n'est obtenue qu'au prix de pratiques de plus en plus grossières, susceptibles de générer de puissantes émotions. En poursuivant notre plaisir, nous glissons donc sur une pente inflexible qui nous amène à privilégier des plaisirs de moins en moins subtils. Le voyeurisme affiché des programmes de télévision, l'appel systématique à un surcroît de violence et à des images spectaculaires pour continuer d'exister devant un public blasé de tout suffisent pour comprendre ce que cette stratégie a de pervers.

De plaisir en plaisir

Face à l'épuisement du plaisir, une autre stratégie est possible, à laquelle nous manquons rarement de recourir. Puisque l'agrément que nous procure ce que nous convoitons fait sa valeur, nous ne nous sentons pas tenus à une contraignante fidélité dès lors que cet agrément a disparu. Le plaisir, devenu une fin en soi, est pour ainsi dire désolidarisé de tout support, ce qui nous autorise à nous montrer extrêmement mobiles dans nos investissements. Cette inconstance dans nos engagements est le deuxième travers de l'intempérance.

Cette tendance pèse si lourdement dans nos relations sentimentales que nous devenons incapables d'aimer proprement. Le temps qui patine le plaisir devient l'ennemi de nos affections au lieu d'être leur aliment. Nous aimons qui nous plaît, et le plaisir est d'autant plus grand qu'il sera neuf. Aussi ce genre d'amour ou d'amitié est-il toujours menacé d'instabilité.

> « C'est que l'amitié sensuelle, en grande partie, est portée par l'affection et motivée par le plaisir. C'est précisément pourquoi ils sont prompts à aimer et à rompre, changeant plusieurs fois de sentiment la même journée. » (E.N., VIII, 1156 b 3-5)

Pire encore, ce genre d'affections soumises à l'impulsivité du plaisir se nourrit d'illusions savamment entretenues. Il faut en effet du temps pour apprendre à aimer quelqu'un pour ce qu'il est vraiment. Comme dit le proverbe, « on ne peut arriver à se connaître mutuellement avant d'avoir consommé ensemble les quantités de sel requises[1] ». Les amitiés les plus solides se nourrissent donc d'une longue fréquentation. Lorsque nous apprécions l'autre pour ce qu'il est vraiment, nous sommes moins exposés aux brusques déceptions et aux soudaines lassitudes. Or, la familiarité, l'accoutumance, l'habitude de revoir le même visage chaque matin épuisent le plaisir. Ce dernier se nourrit du manque, de sorte qu'on peine à aimer longtemps celui qui ne fait plus défaut.

---

1. E.N., VIII, 1156 b 27.

Les plaisirs liés au toucher sur un piédestal

L'instabilité du plaisir fait donc de lui un piètre prétendant au titre de « bien suprême ». Mais ce n'est pas encore le pire de ses défauts, ni la pire des conséquences de notre intempérance. Plus que son instabilité, il faut craindre du plaisir sa structure.

> « Le genre de plaisirs que mettent en jeu la tempérance et l'intempérance sont précisément ceux que partagent les autres animaux, d'où leur apparence servile et bestiale. Donc, ce sont les plaisirs du toucher et du goût. » (E.N., III, 1118 a 24-25)

Parmi tous nos sens, le toucher (qui inclut aussi le goût pour Aristote) est sans doute le plus essentiel à notre survie directe, celui dont la privation entraînerait immédiatement la mort. La sensation tactile est en effet notre ultime rempart : une menace que nous percevons à distance ne présente jamais le même degré d'urgence que celle qui nous embrasse déjà de son étreinte. Quand elle nous touche, le mal est fait. Elle n'est plus un danger qu'il faut prévenir, mais une souffrance à laquelle il faut remédier.

La nature particulière du plaisir lié au toucher s'explique donc par cette position de « gardien de la vie ». C'est un plaisir toujours mêlé de peine, qui doit répondre immédiatement à une situation de crise. En comparaison, le plaisir de voir, ou même d'entendre, paraît moins ambigu parce qu'il n'a pas la même fonction thérapeutique. Il n'est pas un remède destiné à expulser la souffrance. Contrairement au plaisir de manger ou de faire l'amour, le plaisir de contempler un paysage agreste ou d'entendre une sérénade n'est la résolution d'aucun manque.

> « Il n'y a pas en effet de peine liée au plaisir d'apprendre ni, parmi les plaisirs des sens, à ceux qu'on éprouve par l'odorat, ni d'ailleurs à plusieurs choses qu'on entend ou qu'on voit, ni à des souvenirs ou à des espérances qu'on cultive. De quoi donc ces plaisirs seraient-ils la régénération, puisque là aucun manque de quoi que ce soit ne s'est installé dont il y aurait ensuite à combler le vide ? » (E.N., X, 1173 b 16-20)

Or, pour notre malheur, ce n'est ni au plaisir de voir ni au plaisir d'entendre que nous empruntons notre idéal de bonheur. C'est au plaisir du toucher, le plus familier d'entre tous, le plus commun, le plus envahissant aussi.

> « Mais voilà, ce sont les plaisirs corporels qui ont accaparé le nom [de plaisir] comme un héritage, parce que le plus souvent, c'est vers eux qu'on se porte et qu'ils sont partagés par tout le monde. Du fait donc qu'ils sont les seuls plaisirs familiers, l'on croit qu'ils sont les seuls à exister. » (E.N., VII, 1153 b 34-1154 a 1)

Un bonheur toujours mêlé de douleur

Quoi d'étonnant alors si nous sommes incapables d'imaginer un bonheur qui ne serait pas en même temps pour nous l'occasion d'une souffrance ? Nous attendons de ce qui doit nous rendre heureux qu'il nous fasse simultanément éprouver la douleur lancinante de l'absence, exactement comme le plaisir d'absorber un aliment est corrélé à la douleur d'en manquer. C'est là le troisième travers de l'intempérance. Notre idéal de bonheur nous fait alors indéfiniment souffrir, parce qu'il est suspendu à la réalisation d'une chose qui ne vaut qu'autant qu'elle manque.

Aussi souffrons-nous tout le temps de chercher à être heureux. Celui qui voit dans les honneurs un idéal de vie se rend plus douloureux à lui-même, dans les moindres occasions, le peu d'égards qu'on fait de sa personne. Un croyant qui place toute sa béatitude en Dieu souffre de se voir si longtemps séparé de Lui. Un amoureux faisant dépendre d'une seule personne toute la valeur qu'il accorde à son existence ne peut supporter de la laisser libre. Et ainsi de suite. Nous reprenons à notre compte toutes ces situations de manque qui sont la norme du plaisir tactile (la soif, la faim, la frustration) lorsque nous imaginons notre bonheur, si bien que, sans nous en rendre compte, nous bâtissons un bonheur qui a le visage même de la souffrance.

Tout ce à quoi nous aspirons n'est donc pour nous la source d'une grande joie que parce qu'il est simultanément la cause d'un manque qui nous fait serrer les dents. Vérité de polichinelle : chacun sait intuitivement qu'il aurait tout à perdre à supprimer ce manque, cette douleur du vide qu'il s'est aménagée consciencieusement au creux de la bouche comme une rage térébrante.

> « Eux-mêmes [les intempérants] en tout cas se donnent à eux-mêmes certaines soifs qu'ils entretiennent. » (E.N., VII, 1154 b 3)

La possession du bien que l'on espère est aussi celle que l'on craint. Quel plaisir serions-nous susceptibles de tirer d'un but enfin atteint ? Le paradis a des allures de repos éternel. Nous aimons terriblement ce qui nous fuit, ce qui nous résiste, parce que le manque augmente le plaisir qu'on y trouve. Mais ce que nous avons, ce que nous possédons avec l'assurance tranquille du propriétaire, nous ne l'aimons plus. Chaque fois que nous réalisons un rêve, nous répudions le bonheur qu'il était supposé nous apporter… et nous nous trouvons une nouvelle raison d'exister, un nouveau projet à assouvir. Notre vie est une succession de rêves désenchantés : la jolie Cendrillon devenue épouse fidèle est délaissée pour d'autres ambitions ; la consécration sportive dépose derrière elle un vide immense à combler rapidement ; le premier succès public s'oublie rapidement dans la recherche de buts plus élevés… Course sans fin, marché de dupes, nous désirons la plénitude, mais nous poursuivons le manque.

Aucune politique sanitaire ne viendra à bout de nos mauvaises habitudes de fumeurs parce que celles-ci procèdent de beaucoup plus loin. La cigarette est en effet le symptôme d'un mal existentiel qui n'a pas fini de nous travailler. Elle incarne cette volonté constante de générer en soi un puissant état de manque, un manque rémanent qui garantirait l'assurance d'un plaisir à tous les coups. C'est la raison pour laquelle Aristote écrit que l'intempérance nous porte inévitablement vers des « choses indues ». Paradoxalement, notre intempérance nous conduit à rechercher des occasions de douleur. Nous devons donc tâcher de nous délivrer aussi de ce comportement si nous voulons mettre un terme à ce qui nous fait tant souffrir.

> « C'est à se débarrasser de la peine de ces plaisirs-là que vise l'homme prudent : j'entends les plaisirs associés à l'appétit et au désagrément (autrement dit, les plaisirs corporels, puisqu'ils ont ces caractéristiques), ainsi que leur excès qui font de l'intempérant ce qu'il est. C'est pourquoi le tempérant les fuit. Car en fait, il existe aussi des plaisirs de tempérant. » (E.N., VII, 1153 a 30-35)

Questions vitales

1. Avez-vous déjà regardé avec plaisir un film d'horreur ou un thriller ? Drôle d'inclination que d'aimer ainsi s'effrayer ! La peur n'a rien d'agréable, pourtant. Oui, mais délivrée du danger, elle est un sentiment remarquable parce que très intense. Elle donne des frissons, une émotion vive, exactement ce que nous recherchons. Quel excellent stimulant ! Vous souvenez-vous d'autres situations dans lesquelles un sentiment *a priori* négatif est devenu finalement agréable ?

2. Pourquoi les premiers temps d'une belle histoire d'amour paraissent-ils toujours les plus intenses ? Pourquoi éprouvez-vous tant d'enthousiasme pour les nouvelles amitiés ? Est-ce le plaisir de découvrir l'autre… ou plutôt celui de le méconnaître encore ?

Garder une part de mystère, ne jamais trop se dire ni se livrer, laisser à son partenaire la possibilité d'aimer un autre à travers soi fait durer le plaisir. Vous auriez tout à perdre à vous montrer sous votre vrai jour. Aussi belle soit-elle, la réalité décourage le fantasme. L'amour commun ne serait-il pas l'art d'entretenir les méprises ?

3. Réfléchissez sincèrement : pourriez-vous vivre longtemps sans qu'un petit drame éclate dans votre vie ? Nous aimons tellement les histoires ! Les longs chemins tranquilles sont d'un ennui désespérant. Rien de tel qu'une bourrasque qui décoiffe pour se mettre à nouveau en condition. Comme les réconciliations sont douces, après ! On en viendrait presque à s'inventer des motifs quotidiens de rupture pour connaître sans cesse le plaisir des retrouvailles…

4. Aimez-vous faire la fête ? Parvenez-vous à vous amuser à chaque occasion ? Rien de plus agréable que de participer à une fête où le rire coule à flots, où la légèreté oublieuse fait sa digue de cotillons charmants. Fêtes, parties folles, nuits d'ivresse sont nos célébrations païennes, nos grand-messes en l'honneur du dieu Plaisir. Comme toutes célébrations, elles exigent pourtant de nous une attitude irréprochable : il faut se montrer enjoué, proscrire les conversations trop sérieuses, lâcher prise ou donner du moins à penser qu'on le fait… Le plaisir est une idole exigeante. Gare à celui qui ferait triste mine ! Pour goûter l'agrément d'une fête réussie, comme il faut se mettre à la peine… N'êtes-vous pas fatigué, parfois, de ces soirées où chacun doit tirer sur ses lèvres pour s'assurer un sourire ?

Apprendre l'excellence

Aristote n'invite pas à renoncer au plaisir ni ne dispense de pieux conseils d'austérité. Il ne promeut aucune voie d'ascèse rébarbative qui viserait à rendre odieuse l'idée même de jouissance. Ce genre de régime imposé a connu un grand succès à travers la philosophie et la spiritualité orientales. Se détacher de ses appétits, apprendre à désirer peu, adopter un mode d'existence frugale, cultiver l'impassibilité et la quiétude plutôt que la recherche frénétique du plaisir... autant de recettes qui, aux yeux de beaucoup, définissent la vie du sage. Puisque la tentation systématique du plaisir nous rend malades, le remède paraît simple : se mettre au pain sec et à l'eau ! Même la philosophie épicurienne, qui passe pourtant pour un art de cultiver les plaisirs, prescrit une attitude de ce genre, empreinte de frilosité en face du plaisir. Elle invite à ne rechercher que des plaisirs simples, faciles à satisfaire, drastiquement limités dans le temps et dans l'espace. Pain sec et eau, donc…

Ce qui rend si séduisante la philosophie d'Aristote, c'est qu'elle se situe aux antipodes de ces médications amères. S'empêcher de vivre, rétrécir son existence à des limites étroites au sein desquelles tout serait soigneusement sécurisé n'est pas la voie de la guérison. C'est tout au plus une façon de limiter les dégâts, comme le ferait un homme de constitution fragile qui s'empêcherait de sortir chaque fois qu'il fait grand vent. Par ces précautions, nous ne sortons jamais de la maladie. Nous nous y complaisons, comme s'il était impossible de lui échapper vraiment et qu'elle guettait toujours sur le seuil de notre porte, menaçante. Chaque mesure que nous prenons nous rappelle ainsi un peu plus que nous sommes malades, malades de plaisir.

Certes, la recherche du plaisir nous rend malheureux. Mais ce n'est pas le plaisir lui-même qui est un mal, c'est seulement sa recherche en tant que « bien suprême ». Renoncer à faire du plaisir son idéal de vie, c'est paradoxalement ouvrir la voie à un plaisir véritable, qui ne sera plus mêlé de peine envahissante. Tel est le plaisir du tempérant…

Notre désir de vertu

Si nous vivons pour le plaisir, c'est parce que nous sommes incapables de prendre plaisir à vivre. Notre intempérance est donc une mesure compensatoire qui trahit notre mécontentement de nous-mêmes. D'où vient un tel mécontentement ? D'un désir profond qui nous tenaille tous : le souci permanent de donner le meilleur de soi.

Vivre pour le plaisir, faute de prendre plaisir à vivre

Dans la partie précédente, nous avons vu comment nos projets et nos perspectives de vie alimentaient un perpétuel état de manque. Comment ce manque se manifeste-t-il à nous, sinon sous la forme d'un terrible sentiment d'incomplétude ? Tels que nous sommes, nous nous sentons en effet imparfaits, inaboutis, inaccomplis.

« Il y a une différence entre "boire tout en éprouvant du plaisir" et "boire avec plaisir". Car rien n'interdit que quelqu'un qui n'a pas soif ou qui n'est pas en présence d'une boisson qui le réjouit, n'éprouve une joie en buvant, non pas parce qu'il boirait, mais parce que au même moment cela coïncide [pour lui] avec le fait qu'étant assis, il contemple ou est contemplé. Nous affirmerons donc que cet individu éprouve du plaisir et qu'il boit tout en éprouvant du plaisir, mais non pas qu'il l'éprouve parce qu'il boit, ni qu'il boit avec plaisir. [...] De même encore, nous dirons plaisante la vie dont la présence est plaisante pour ceux qui la possèdent, et que vivent plaisamment, non

> pas tous ceux pour lesquels il y a coïncidence entre vivre et se réjouir, mais bien ceux pour qui le fait même de vivre est plaisant et qui jouissent du plaisir de la vie. » (*Protreptique*[1], 11)

Cet extrait analyse finement le rapport que notre intempérance entretient avec notre incapacité à nous satisfaire de nous-mêmes. À beaucoup d'égards, nous ressemblons à cet homme qui « boit tout en éprouvant du plaisir », faute de pouvoir « boire avec plaisir ». Nous buvons en éprouvant du plaisir lorsque autre chose que le simple fait de boire rend plaisant le verre que nous portons à nos lèvres. Ce n'est qu'accidentellement que la boisson est source de plaisir ; elle l'est indirectement, par tout son accompagnement. C'est ce genre d'agrément que nous éprouvons lorsque nous allons « boire un coup » avec des amis en terrasse par exemple. Nous n'attendons pas de la bière ou du verre de vin qu'ils soient particulièrement bons. Ce ne sont pas leurs qualités intrinsèques qui les rendent appréciables, mais l'occasion qu'ils fournissent de prendre le soleil et de converser avec des gens que nous apprécions.

C'est ainsi que nous nous comportons, dans notre vie, en véritables « buveurs de terrasse » ! Nous tentons désespérément de « vivre en éprouvant du plaisir », faute de pouvoir « vivre avec plaisir ». Nous cherchons la source de notre plaisir ailleurs que dans notre existence, dans les objets auxquels nous confions le soin de nous rendre heureux. Même ceux qui prétendent jouir de la vie n'échappent pas toujours à ce reproche. Mordre la vie à pleines dents, qu'est-ce, sinon multiplier les occasions de se faire plaisir ? Gros mangeurs, gros buveurs, grands dépensiers et fêtards invétérés courent après le plaisir comme après une consolation. C'est que nous vivons *pour* le plaisir lorsque nous vivons *sans* véritable plaisir. Il y a

---

1. *Invitation à la philosophie (Protreptique)*, traduction J. Follon, Mille et Une Nuits, 2000.

donc dans notre existence une insatisfaction chronique qui nous taraude et nous contraint à chercher une coïncidence entre vivre et se réjouir, puisque nous ne savons pas nous réjouir de vivre...

Un profond sentiment d'inachèvement

Les choses iraient donc beaucoup mieux si nous étions capables d'apprécier notre vie. Qu'est-ce donc qui nous en empêche ? D'où vient cette insatisfaction têtue qui nous pousse à rechercher ailleurs qu'en nous-mêmes les occasions de nous réjouir ? Si un petit enfant a autant de peine à s'apprécier lui-même, s'il a un tel besoin d'être apprécié par les autres (« Maman, regarde ! »), c'est parce qu'il reste en grande partie un être en projet. Il se sent inaccompli, à juste titre d'ailleurs, parce que la vie ne lui a pas encore donné l'occasion de s'accomplir. En l'occurrence, ce qui vaut pour lui reste vrai pour nous : devenus adultes, nous boudons notre vie parce que ce que nous sommes ne tient pas les promesses de ce que nous nous sentons destinés à être. L'origine de notre insatisfaction est toujours cette tenace impression d'inachèvement. Nous menons une existence qui nous semble déplaisante aussi longtemps qu'elle n'est pas celle pour laquelle nous nous croyons disposés. Quelque chose en nous ne demande qu'à s'épanouir à travers nos actions, à s'exprimer en dépit des obstacles. Nous avons l'impression que ce que nous sommes devenus *en acte* ne correspond pas encore à ce que nous sommes *en puissance*[1].

En définitive, toutes les images du bonheur auxquelles nous nous accrochons désespérément ne sont rien d'autre que des traductions imparfaites de ce désir naturel d'épanouissement. S'« épanouir » est ce que fait une fleur lorsqu'elle n'est

---

1. E.N., VII, 1153 a 13.

pas empêchée de devenir ce qu'elle est. C'est ce que nous faisons lorsque ce que nous sommes en germe trouve l'occasion de prendre vraiment corps. L'impression de coïncider avec soi, d'être enfin soi-même, accompli, achevé… est exactement l'idée que l'on se fait du bonheur.

Notre désaccord au sujet du bonheur n'est donc pas si profond que nous aurions pu le croire. Nous sommes en désaccord lorsqu'il s'agit de savoir ce qui peut nous rendre heureux. Mais dès lors que nous nous demandons à quel genre d'état le bonheur renvoie, il n'y a plus de place pour la moindre discussion : être heureux, c'est être épanoui, s'accomplir sans entraves.

> « Dès lors que chaque état se traduit par des activités sans entraves, peu importe l'activité en quoi consiste le bonheur (que ce soit l'activité qui traduit tous ces états ou celle qui traduit l'un d'entre eux) pourvu qu'elle soit sans entrave, c'est la plus digne de choix. [...] Et c'est pour cela que tout le monde croit que l'existence heureuse est une existence agréable et rattache de façon inextricable le plaisir au bonheur. C'est parfaitement rationnel, car aucune activité n'est achevée lorsqu'elle est entravée. Or le bonheur fait partie des réalités achevées. » (E.N., VII, 1153 b 10-16)

Un désir d'excellence qui se nomme vertu

Or, ce souci d'accomplissement n'est rien d'autre qu'un souci d'excellence. C'est en effet quand nos capacités se concrétisent que nos actions présentent le plus de perfection. La tâche d'un couteau est de couper. Mais le couteau est d'autant plus conforme à sa nature qu'il coupe bien et réalise parfaitement la fonction pour laquelle il a été conçu. De la même façon, la nature nous a donné la puissance d'agir et de penser. Mais cette puissance ne se concrétise jamais aussi bien que lorsque nous agissons efficacement et pensons irréprochablement. Nous désirons ainsi l'excellence qui marque l'accomplissement. Vouloir être nous-mêmes n'est donc certainement pas nous contenter d'être qui nous sommes, comme si nous devions nous résoudre à cette médiocrité qui nous fait souffrir. Nous ne sommes vraiment nous-mêmes que lorsque nous pouvons donner toute notre mesure.

Cette excellence qui nous permet de nous épanouir, Aristote la nomme « vertu » : la vertu d'un couteau est de bien couper ; la vertu d'un cithariste est de jouer parfaitement de la cithare ; la vertu d'un homme est de bien agir et de bien penser.

> « Il faut [...] noter que toute vertu met finalement en bon état ce dont elle est vertu et en même temps, lui permet de bien remplir son office. Ainsi la vertu de l'œil fait que l'œil est parfait et remplit bien son office, car la vertu de l'œil fait que nous voyons bien. Pareillement, la vertu du cheval fait qu'il est un bon cheval et parfait pour courir, porter son cavalier et tenir devant les ennemis. Dès lors, s'il en va de la sorte dans tous les cas, la vertu de l'homme doit aussi être l'état qui fait de lui un homme bon et qui lui permet de bien remplir son office propre. » (E.N., III, 1106 a 17-23)

Bien sûr, la vertu est aussi le courage, la tempérance, la franchise, la générosité… toutes ces qualités que nous connaissons bien. Elles sont autant de façons de manifester notre excellence. Si le courage est une vertu, par exemple, c'est parce que l'adversité et le péril nous forcent à puiser en nous les ressources qui nous permettent d'affronter le danger. Si la tempérance est une vertu, c'est parce que nos appétits nous éloignent toujours de nos résolutions et que nous devons trouver en nous les forces supplémentaires qui nous permettent d'être fidèles à ce que nous voulons. Si la franchise est une vertu, c'est parce que nous devons en permanence lutter contre la peur de déplaire… Ainsi, les grandes difficultés sont autant d'occasions de manifester sa vertu. Cela explique pourquoi, d'ailleurs, une des tendances de la vertu est aussi de rechercher des situations de défi : rien de tel qu'un bon dragon à terrasser pour donner le meilleur de soi ! La volonté d'excellence est donc une volonté d'agir.

> « C'est toujours sur le terrain le plus difficile que se déploie[nt] [...]
> la vertu car le succès est plus méritoire sur ce terrain-là. » (E.N., II,
> 1105 a 10)

À chacun sa vertu selon les circonstances

Aristote ne prétend pas qu'il n'y aurait qu'une seule manière de bien jouer de la cithare ou d'être courageux. Ce qui est vertueux pour l'un ne l'est pas toujours pour l'autre. Et ce qui est vertueux pour un individu à un moment donné ne le sera pas nécessairement l'instant d'après. L'acte vertueux varie au gré des circonstances. En matière de vertu, il ne faut pas chercher à légiférer à tout prix, en imposant des normes arbitraires qui feraient litière de toutes les singularités. S'il nous faut sans cesse délibérer, c'est justement parce que les circonstances sont variables et souvent indéterminées, et qu'il serait criminel de vouloir écraser cette foisonnante multiplicité sous l'unité d'un principe dominateur.

> « C'est en fonction de l'avoir de l'intéressé qu'on parle de générosité.
> Ce n'est pas en effet dans la quantité de biens donnés que se trouve
> la marque du généreux, mais dans l'état du donateur. Or cet état
> pousse à donner en fonction de son avoir. Rien n'empêche donc de
> juger plus généreux celui qui donne moins, s'il donne à partir de
> moins. » (E.N., IV, 1120 b 8-10)

Les individus sont différents, tout comme les situations dans lesquelles ils se trouvent. Un artiste, même rigoureusement formé, peine longtemps avant de trouver son style. Il tente, il essaie, il recommence inlassablement. Et puis petit à petit, à force de délibération, son mouvement devient plus souple, son pinceau plus fluide, son action plus maîtrisée… enfin, il a trouvé sa façon de peindre ou de jouer, de danser ou d'écrire. Il a trouvé son style, c'est-à-dire sa vertu. Rien de moins codifié que la vertu !

Questions vitales

1. Quelle est votre première impulsion lorsque vous vous sentez déprimé ? Certains se jettent frénétiquement sur une tablette de chocolat, d'autres partent faire du shopping ou briquent leur maison pour qu'elle ressemble à un sou neuf… N'est-ce pas la preuve que la recherche du plaisir agit toujours comme un anxiolytique ? On ne chasse jamais aussi bien la douleur qu'en la noyant sous le plaisir.

2. Avez-vous déjà remarqué comme les gens heureux sont agaçants ? Pourquoi selon vous ? Tout semble leur réussir, avec une chance insolente. En fait, la chance n'y est pas pour grand-chose. Ils sont épanouis parce qu'ils réussissent dans leur vie, et ils réussissent dans leur vie parce qu'ils ont su s'épanouir. Alors que d'autres, non contents d'être tristes, n'arrivent à rien !

Rien d'étonnant. Ils sont tristes parce qu'ils n'arrivent à rien et n'arrivent à rien parce qu'ils n'ont pas encore trouvé le moyen de s'épanouir. On ne prête qu'aux riches, décidément !

3. Avez-vous une tenue fétiche que vous enfilez lorsque vous avez besoin d'être « au top » ? Quelle image renvoie-t-elle de vous ? Chacun a sa façon particulière de s'habiller, de se coiffer ou de marcher. Cela peut paraître très superficiel, mais il n'en est rien. Lorsque, chaque matin, vous vous demandez quel vêtement endosser, vous réfléchissez implicitement à ce qui vous met le mieux en valeur. Lorsque vous hésitez devant une veste ou une robe, votre embarras témoigne d'un souci d'exprimer publiquement une certaine excellence qui vous est propre. Certains vêtements gâtent notre silhouette, certaines coupes de cheveux ne nous conviennent pas.

Se préoccuper de toutes ces choses très banales est aussi une façon d'avoir le souci et le respect de soi.

Philo-action

Demandez à vos proches ce qu'ils apprécient le plus en vous. Le but de l'opération n'est pas de satisfaire votre ego, mais de repérer grâce aux autres les capacités que vous auriez intérêt à exploiter. Vous pourriez être surpris de découvrir à quel point leur jugement diffère du vôtre. Si certaines opinions sont partagées par plusieurs personnes, vous pourrez les prendre en compte sérieusement. Parfois, votre propre impression n'est pas correcte, car votre désir de réussir dans une certaine direction masque à vos yeux vos véritables talents.

Les vertus de l'égoïsme

Comme nous le voyons, la recherche de la vertu répond à un souci égoïste de soi. C'est pour soi que l'on vise l'excellence, et non pour les autres. Mais il n'en demeure pas moins que la vertu (comme le vice, d'ailleurs) présente aussi une dimension morale.

Les impasses de l'altruisme

L'idée selon laquelle une conduite morale devrait avant tout être une conduite altruiste est devenue tellement familière que nous avons peine à imaginer que l'égoïsme puisse avoir droit de cité. Le souci des autres ne devrait-il pas primer sur le souci de soi ?

« On fait honte en effet à ceux-là qui sont attachés en tout premier lieu à leurs propres personnes et l'on prend en mauvaise part l'amour de soi pour les dénoncer. L'opinion aussi va dans le même sens. Le vilain, d'après elle, n'agit que pour soi et plus il est méchant, plus c'est évident ; donc on lui reproche en quelque sorte de ne jamais se départir de lui-même lorsqu'il agit, alors que l'honnête homme est motivé par ce qui est beau et plus il est vertueux, plus il se laisse guider par ce mobile, qui le fait agir dans le souci de son ami et il laisse de côté son avantage personnel. Mais ce sont là des arguments avec lesquels les faits sont en désaccord. » (E.N., IX, 1168 a30-1168 b 3)

Rien n'est moins sûr : donner la préférence aux autres trahit tout autant l'attachement que nous avons pour eux que le peu de cas que nous faisons de notre personne. Dans la déférence que nous leur rendons, un complexe est à l'œuvre, qui tient tout autant du complexe d'infériorité que du complexe de supériorité.

Il s'agit en effet d'un complexe d'infériorité puisque l'autre passe avant nous. Les gens « trop gentils » le sont d'autant plus qu'ils se laissent marcher sur les pieds et tendent volontiers l'autre joue lorsqu'ils reçoivent une claque. Ils sont persuadés d'avoir tort dès qu'on les rabroue et passent leur temps à s'excuser pour des fautes qu'ils n'ont pas commises. Une telle gentillesse n'a rien de flatteur, car elle révèle une mésestime de soi si importante que celui qui l'éprouve devient le complice empressé de tout ce qui le malmène. L'autre nom de cette gentillesse, c'est la pusillanimité.

> « Le pusillanime, en effet, bien qu'il soit digne de certains avantages, se prive lui-même de ce qu'il mérite et a l'air d'avoir à se reprocher quelque chose de mal, dès lors qu'il ne se juge pas digne de ces biens-là. Par ailleurs, il donne aussi l'impression de ne pas se connaître lui-même. Car il aspirerait, sinon, à ce qu'il mérite, puisque ce sont des biens qu'il mérite ! Et pourtant, ces sortes de gens ne sont pas, semble-t-il, des idiots, mais plutôt des timides. » (E.N., IV, 1125 b 20-28)

Ce complexe d'infériorité s'alimente donc d'une incapacité à s'estimer soi-même à sa juste valeur. Cette mésestime de soi conduit à investir l'autre d'une importance démesurée. En lui cédant tout, nous ne nous contentons pas de nous effacer. Nous espérons aussi susciter sa bienveillance, afin qu'il nous aime mieux que nous ne nous aimons nous-mêmes. La gentillesse n'est jamais gratuite. Elle se veut propitiatoire en ce qu'elle est une façon d'obliger l'autre à nous aimer, pour tout le bien que nous lui faisons. Nous l'investissons donc de la lourde charge de nous rendre à nous-mêmes, de restaurer par son affection notre estime de nous-mêmes en berne.

C'est pourquoi les vrais gentils sont de faux orgueilleux et les vrais orgueilleux de faux gentils : tous souffrent comme d'une terrible offense des marques d'ingratitude, des réponses un peu brusques, des moments d'indifférence. Ils veulent être aimés, et surtout que l'on pense à eux. Le complexe de supériorité, qui consiste à se sentir plus important que l'on est, marche donc main dans la main avec le complexe d'infériorité. La pusillanimité et l'orgueil sont des frères siamois. L'altruisme auquel nous attachons tant d'importance a l'allure rassurante de l'amour, mais il emporte avec lui aussi sûrement tous les ressorts de la haine : l'obsession des honneurs, la susceptibilité agressive, l'envie belliqueuse d'être respecté.

L'égoïsme en gage d'une saine relation avec les autres

Celui qui s'aime suffisamment pour ne pas avoir envie de se céder facilement aux autres est beaucoup moins exposé aux rapports conflictuels. La relation qu'il noue avec ses voisins n'a pas pour enjeu la relation essentielle qu'il entretient avec lui-même. Par conséquent, il pardonne d'autant mieux les offenses. Cette juste estime de soi, Aristote l'appelle « magnanimité ». À juste titre, il voit en elle la « parure des vertus[1] », c'est-à-dire la qualité qui rend visible chez un homme la présence d'une excellence acquise. Les pages qu'il lui consacre dessinent le profil psychologique d'un individu qui semble d'autant plus moral dans son comportement qu'il fait preuve d'un grand détachement à l'égard des autres, n'ayant guère besoin d'eux pour savoir ce qu'il vaut.

> « [Le magnanime] est [...] incapable de vivre en fonction d'un autre, sauf si c'est un ami. Une telle attitude serait en effet servile. C'est précisément pourquoi tous les flatteurs sont de la catégorie des personnes à gages et les humbles des flatteurs. Et il ne sera pas porté à l'admiration, puisque rien n'a grande importance à ses yeux. Ni non plus à la rancune, puisqu'un magnanime a pour caractéristique

---

1. E.N., IV, 1123 a 3.

de ne pas se rappeler ce qu'on lui a fait, tout spécialement ce qu'on lui a fait de mal, mais plutôt de détourner les yeux. Ni aux commérages, car il n'aime parler ni de lui-même ni d'un autre. Il n'a cure en effet d'être loué ni d'entendre blâmer les autres et, d'un autre côté, il n'est pas porté non plus à chanter leurs louanges. Aussi bien n'est-il pas non plus médisant, même sur le compte de ses ennemis, sauf à leur dire, par mépris, le mal qu'il pense d'eux. » (E.N., IV, 1125 a 1-9)

C'est l'indifférence et le détachement dont nous faisons preuve à l'égard des autres qui les préservent le mieux de notre haine ou de notre rage. L'éthique de la vertu est donc très éloignée d'une morale évangélique qui inciterait à aimer son prochain comme soi-même. Elle ambitionne au contraire de s'aimer soi-même d'abord, en n'attendant pas du jugement des autres qu'il nous délivre de l'obligation de faire nos preuves. Le meilleur moyen d'être utile à son prochain, c'est encore de le laisser soigneusement en lisière des relations passionnelles que l'on entretient avec sa propre personne.

L'amitié, une affection sélective

Néanmoins, tout le monde ne doit évidemment pas être tenu en dehors de ce cercle. L'amour et l'amitié ont aussi leur place dans la vie du magnanime. À quoi ressemblerait une vie qui ignorerait les transports d'une grande amitié ou les ardeurs amoureuses ? Qui voudrait d'une telle existence, faite de solitude ? Sans ami, nul ne choisirait de vivre, eût-il par ailleurs tous les autres biens, avertit Aristote. Nous avons peine à imaginer qu'un homme qui n'aurait jamais rien connu de l'amour puisse se prétendre heureux et être pris au sérieux, tant ces affections ont une place dans l'idée que nous nous faisons du bonheur !

Mais l'amitié ne vise pas n'importe qui. Elle est une affection sélective : celui que nous aimons n'excite en nous une telle ardeur que parce qu'il participe – par les affinités étranges que nous nous sentons avec lui – aux démêlés de notre vie intime. Lui, parmi tant d'autres, ne nous laisse pas indifférents parce que sa simple présence nous renvoie immédiatement à ce qui se trame en nous. L'ami, écrit Aristote, est « un autre soi-même ». Celui que nous aimons « comme la prunelle de nos yeux » bénéficie donc de l'immense charge émotionnelle dont est porteur le rapport à soi. Ce que nous apprécions en lui est ce que nous aimons en nous ; et les défauts qui nous insupportent chez lui sont précisément ceux que nous détestons chez nous. L'aimé, c'est sa force et son privilège, rentre dans notre cercle. Il y enfonce, brusque comme un coup de foudre, le coin d'une présence autre. C'est cela qui rend l'amour si intense.

L'amour, une occasion de se montrer vertueux

Cette intensité est fonction de l'amour que nous éprouvons, et non pas de celui que nous recevons. Un amour malheureux, sans réciprocité, peut demeurer très intense. Inversement, l'assurance d'être aimé est quelquefois un fardeau dont on ne sait comment se délivrer. Ce qui est délicieux, c'est donc l'amour que nous portons. Quoi d'étonnant, puisque aimer, c'est agir et que la volonté d'exceller est une volonté d'agir ?

> « En plus, aimer, c'est comme faire quelque chose, alors qu'être aimé, c'est un peu comme pâtir. À ceux qui excellent à l'action reviennent donc l'amour et les attitudes amicales. Ajoutons d'autre part que ce sont les biens obtenus avec peine qui font toujours l'objet du plus grand attachement, comme c'est précisément le cas des richesses chez ceux qui les ont acquises, comparées à ceux qui en ont hérité. Or, semble-t-il, être bien traité n'implique pas d'effort pénible, tandis que faire du bien, c'est de la besogne. » (E.N., IX, 1168 a 23-26)

Il ne faudrait pas en conclure que le magnanime se moque bien d'être aimé pourvu qu'il puisse donner libre cours à son envie d'aimer. Comment pourrions-nous élire quelqu'un sans attendre d'être aussi choisi ? Mais la différence, c'est que le magnanime ne donne pas son amour afin d'en recevoir. Il n'est pas rare que nous nous engagions dans une relation à la seule fin d'éprouver la satisfaction d'une sollicitude thérapeutique : « Il s'occupe de moi, il m'écoute, il est doux et attentionné… » Ce besoin d'être aimé révèle les carences d'un amour de soi. L'amour vertueux fonctionne dans l'autre sens : pour se livrer sans empêchement au plaisir d'aimer, il faut que l'autre se laisse aimer. Cet amour reçu n'est pas la fin recherchée, mais seulement la condition qui permet de jouir égoïstement de l'amour donné.

Et cet amour grandit à mesure qu'on agit davantage et lui consacre plus d'efforts. Comme dans n'importe quel domaine où la vertu est en jeu, l'amour ne s'entretient qu'au prix d'une performance. Bien des couples finissent par s'enliser à force de considérer que l'amour est ce qu'on reçoit et non ce que l'on fait, un état de passivité (une passion, au sens philosophique) plutôt qu'une action permanente. Un jour nous tombons amoureux, puis quelque temps plus tard, nous ne le sommes plus. À qui la faute ? L'amour, pourtant, ne se résume pas à « être amoureux », car rien n'est plus facile que de l'être et rien de plus commun que de ne l'être plus. L'amour consiste plutôt à « aimer », c'est-à-dire à agir. Il est donc aussi un domaine où nous pouvons faire preuve d'excellence.

Questions vitales

1. Réfléchissez aux personnes que vous détestez. Avez-vous déjà constaté qu'il est très difficile de détester quelqu'un qui vous laisse complètement indifférent ? La haine ressemble beaucoup à un amour contrarié ; la détestation est une considération. Faire du mal à l'autre, s'acharner contre lui, c'est aussi l'obliger à penser à soi. Maigre consolation : si nos bourreaux veulent tant nous écraser, c'est qu'ils nous jugent incontournables.

2. Quel rapport entretenez-vous avec la rivalité ? Vous est-elle insupportable parce qu'elle vous oblige à vous mesurer, et donc parfois à vous dévaloriser si la comparaison n'est pas en votre faveur, ou voyez-vous en elle, au contraire, une occasion de vous dépasser ?

Comment considérez-vous vos concurrents : comme des ennemis qui vous rabaissent ou comme des rivaux qui vous élèvent ? L'esprit olympique de Pierre de Coubertin reprend l'idéal antique d'une excellence qui n'a aucun besoin de gagner pour se jouer. Si vous donnez le meilleur de vous-même, poussé par l'excellence des autres, qu'importe que vous remportiez l'épreuve ! L'essentiel n'est pas dans la victoire. Plus grands sont vos adversaires, plus grandes aussi sont vos chances de vous dépasser.

Philo-action

La prochaine fois que vous serez en week-end ou en vacances, profitez de l'occasion pour aller vous promener seul. Éteignez votre téléphone, rendez-vous injoignable. Combien de temps vous faudra-t-il pour ressentir le pressant besoin de rompre cette solitude ?

Vous pourrez ainsi mesurer très précisément, montre en main, votre degré de tolérance à vous-même. Vous pourriez être surpris, vous qu'on traite si facilement d'égoïste, de découvrir à quel point vous ne supportez pas de passer quelques minutes en tête à tête avec vous…

Le plaisir est dans l'action

Si la vertu est égoïste, c'est parce qu'elle ne se décide pas dans le regard des autres, mais d'abord dans le succès de nos entreprises, dans le plaisir d'une action réussie où quelque chose de nous se libère ! Pourquoi devrions-nous agir en vue du plaisir lorsqu'il nous suffit de prendre plaisir à agir ?

Le plaisir au bout du chemin

Nous l'avons vu, dans la plupart des cas, nous visons le plaisir comme un but et l'action n'est qu'un moyen de l'atteindre. Nos actions n'ont pas nécessairement à être en elles-mêmes plaisantes. Ainsi voyons-nous le plaisir comme la récompense de tous nos efforts, la rétribution des sacrifices que nous sommes prêts à lui consentir. Cela justifie, aux yeux du sportif, les longues séances d'entraînement auxquelles il se soumet bon gré mal gré. Dans les moments de découragement, il lui suffit de songer au podium, aux lauriers de la gloire, au public qui l'acclame. Que de bonheur, alors ! Il pense, sans trop oser l'avouer, au plaisir qu'il connaîtra et qui lui permet dès maintenant de se remettre en selle.

Dans la poursuite de notre bonheur, nous agissons tous de la même manière. C'est la marque même de notre intempérance. Peu importe que notre bonheur soit la victoire aux jeux Olympiques ou la réussite sociale, le paradis céleste ou la tranquillité familiale, la santé ou la liberté, une notoriété d'écrivain ou une carrière de banquier… Ce qui compte, c'est que nous plaçons notre plaisir à la fin : nous travaillons, nous suons, nous nous donnons du mal pour un plaisir trop longtemps attendu. Combien de génuflexions pour le paradis ?

Dans certains cas, nous devons admettre tristement que tous nos efforts n'ont servi à rien. Pendant toute une année, nous avons préparé un concours avec l'espoir d'être admis… en vain, car nous avons été recalés ! Il n'y a rien à sauver de la faillite, décidément : seuls comptent l'échec et le gâchis d'une si longue préparation, l'amertume d'avoir dépensé du temps pour rien.

Les joies de la praxis

Aristote identifie ce mode de pensée à un schéma de production qu'il appelle « *poiésis* ». Sa spécificité est qu'il s'agit d'une action dont la fin est située en dehors d'elle-même : dans l'objet à produire, dans le projet à réaliser. Transposé à l'échelle de notre existence, ce schéma est impitoyable, car il suspend notre plaisir de vivre à l'obtention d'une chose que nous ne sommes jamais totalement assurés d'atteindre. La promesse enivrante du succès marche dans l'ombre angoissante de l'échec. L'espoir de l'orgasme qui donnera tout son sens à une relation sexuelle réussie est contaminé par la peur obsédante de la panne. Au milieu des vainqueurs à qui tout réussit, combien de vaincus, de recalés désespérés dont personne n'entendra jamais parler ?

Heureusement, ce mode de pensée n'est pas le seul que nous puissions adopter. Le modèle productif est en rivalité avec un autre modèle, qui nous est tout aussi familier : celui qu'Aristote nomme « *praxis* ». Dans ce modèle, les fins n'ont pas forcément à être distinctes des actions, et encore moins à leur être supérieures. « L'action n'est pas en effet production ni la production action[1]. » Nous pouvons apprécier le fait

---

1. E.N., VI, 1140 a 5.

d'écrire… indépendamment de tout succès d'édition. Nous pouvons prendre plaisir à nager, à nous voir progresser à force de nager… indépendamment des médailles. Nous pouvons aimer la prière, son *tempo* lent, la quiétude qu'elle impose… indépendamment de l'espoir que Dieu nous exauce.

La *praxis* est donc l'attitude qui consiste à prendre plaisir aux choses que nous faisons. Elle est très éloignée de notre intempérance naturelle, parce qu'elle ne conçoit pas un plaisir qui serait le but assigné à toutes nos actions. Le plaisir est ici dans l'action elle-même, qui se suffit à elle-même, qui n'a pas d'autre but qu'elle-même, pas d'objectif extérieur. C'est cela, la *praxis* : le plaisir de danser, de nager, d'écrire, de prier… d'agir, donc.

> « La production [...] a sa fin hors d'elle-même, mais l'action ne peut pas en avoir puisque c'est l'action réussie qui constitue elle-même la fin. » (E.N., VI, 1140 b 6-7)

L'action n'exclut pas la production

Évidemment, cela ne signifie pas qu'il n'y aurait plus rien à produire et qu'il faudrait se promettre de faire sans jamais rien créer. Il ne suffit pas d'écrire pour être écrivain. Écrire est à la portée du premier venu. Encore faut-il produire une œuvre, un objet fini qui se nommera essai, roman, poème ou pièce. Il n'y a pas d'écrivain sans œuvre. L'œuvre confère une unité aux gestes divers qui permettent de la produire, elle fait d'eux ensemble un acte unique et identifiable.

Mais tout de même, ce qu'on doit produire n'est pas le but de l'action ; c'est uniquement l'occasion fournie à l'action de s'exercer. L'écrivain ne publie des romans que pour donner carrière à son envie d'écrire. L'acte commande à la production, et non l'inverse.

> « C'est toujours en fonction d'un certain objectif qu'un agent produit quelque chose, et la fin pure et simple, ce n'est pas ce qu'il veut

> produire (et qui n'est qu'une fin relative ayant encore en vue quelque chose), mais c'est l'action qu'il peut exécuter, puisque c'est le succès dans l'action qui constitue la fin. » (E.N., VI, 1139 b 2-5)

Quel sens y aurait-il à vouloir écrire à seule fin de publier des livres ? Si la publication est la fin et l'acte d'écrire seulement son moyen, alors on n'écrit pas pour soi. Ambition navrante qui ne rend pas seulement pénible le travail de création, mais qui le rend en plus assez inefficace.

L'efficacité de la praxis

En effet, agir pour le simple plaisir de l'action n'est pas seulement plus épanouissant, c'est aussi un gage d'efficacité et donc de réussite.

> « C'est d'ailleurs aussi ce que permet de voir le lien intime qui unit chacun des plaisirs à l'activité qu'il parachève, car le plaisir qui lui est intimement lié permet d'accroître l'activité. En effet, l'on juge mieux de chaque sorte de choses et avec plus de rigueur lorsqu'on se livre à cette activité avec plaisir. Ainsi deviennent géomètres ceux qui ont de la joie à pratiquer la géométrie, et leur intelligence saisit avec plus de profondeur chaque sorte de problèmes. » (E.N., X, 1175 a 32-38)

Un sportif pourrait-il réussir, à force de volonté et de patience, si sa volonté n'était épaulée par le plaisir ? Tant que le plaisir est absent, l'effort consenti demeure insuffisant. Pour réussir dans ses entreprises, quelles qu'elles soient, il faut y prendre plaisir. Autrement, ce que nous faisons dans la fatigue ou le désintérêt est mal fait, quel que soit le sérieux que nous y mettons. Il ne faut pas attendre de réussir quelque part pour y prendre goût. Il faut commencer par aimer ; ensuite seulement, parce qu'on y prend plaisir, le succès a des chances d'arriver.

Le plaisir que nous prenons à une activité facilite d'autant plus les progrès qu'il induit une forme de concentration, rempart à la distraction. Ceux qui ne prennent pas goût à l'activité qu'ils exercent ont en effet une fâcheuse tendance à se disperser. Ils regardent les mouches voler, saisissent la première occasion qui leur est donnée pour fuir leur occupation. Un certain esprit dilettante s'installe alors, qui pousse à se répandre dans une multitude de projets dont chacun ne plaît qu'autant et aussi longtemps qu'il demeure à l'état d'ébauche. Sitôt que nous commençons à agir, l'ennui nous gagne. Le projet qui nous avait tant plu virtuellement perd soudain de son charme dès que l'action que nous mettons en œuvre pour le réaliser se prolonge. Chacun aimerait devenir musicien, ou parler couramment une demi-douzaine de langues. C'est bien compréhensible. Mais les gammes fatiguent vite et l'entraînement quotidien épuise. Au bout de quelque temps, la guitare achetée est remisée dans un coin, la méthode Assimil disparaît quelque part au fond de la bibliothèque… Le plaisir attendu s'est fait trop longtemps attendre.

Il va de soi que le résultat n'aurait pas été le même si l'on avait, dès le départ, pris plaisir à grattouiller ou à bafouiller. Ceux qui apprennent le mieux les langues sont aussi ceux qui prennent plaisir à placer dès qu'ils le peuvent les quelques mots qu'ils connaissent, sans craindre de paraître ridicules. Ils ont plaisir à se lancer et n'attendent pas de maîtriser parfaitement la syntaxe ou la grammaire pour tenter de communiquer. Ils s'amusent, comme s'amuse le musicien du dimanche qui fait longtemps du bruit en attendant de jouer un peu de musique. Ils n'éprouvent pas le besoin de passer à autre chose, parce qu'ils prennent déjà plaisir à ce qu'ils font. Comme ils ne sont pas tentés de se disperser, ils progressent vite.

Cette nouvelle attitude à laquelle nous invite Aristote nous permet d'échapper à l'ascèse paradoxale à laquelle nous vouait notre intempérance. Mais elle fait plus encore. Grâce à elle, nous goûtons un plaisir de nature très différente, plus pur, c'est-à-dire non mêlé de souffrance.

Vers un plaisir plus pur

Autant le plaisir lié à l'intempérance est la réponse à une situation de manque que l'intempérance contient toujours en elle, autant le plaisir de l'action est la marque d'une plénitude.

> « Car il existe aussi des plaisirs sans peine ni appétit : il n'est qu'à voir les activités de méditation, quand la nature[1] ne manque de rien. L'indice en est qu'on ne prend pas plaisir au même agrément selon que la nature est en cours de pleine restauration ou se trouve déjà reconstituée, mais que, dans ce dernier cas, on aime ce qui est tout simplement agréable, alors que, si la pleine restauration est en cours, on prend même plaisir à ce qui est tout le contraire. » (E.N., VII, 1153 a 5)

Il n'est pas besoin d'une longue explication pour comprendre ce que dit ici Aristote. En matière de nourriture, un affamé n'est jamais regardant. Il cherche uniquement à combler un manque, de sorte que le moindre quignon de pain devient pour lui un festin. De la même façon, dans nos projets de vie, nous ne nous montrons pas trop regardants sur la qualité de ce qui doit satisfaire notre manque. Ainsi, un homme public travaillé par un obsessionnel désir de reconnaissance se moquera bien de savoir d'où vient sa renommée, pourvu qu'elle vienne. À ses yeux, le plaisir de fanfaronner à la télévision pour aligner de pieuses sottises se tient à parité avec le plaisir plus exigeant de trouver un public instruit et cultivé. Pire encore, dans sa quête de visibilité, il se satisfera volontiers d'une réputation sulfureuse, si son talent lui interdit de convoiter d'autres formes plus exigeantes de reconnaissance. Il vaut mieux, selon lui, passer pour un intransigeant et se faire détester de tous qu'être condamné à l'ombre insupportable de l'anonymat.

---

1. Ici le corps de l'homme.

Celui qui ne souffre pas de manque peut se payer le luxe de se montrer plus exigeant dans ses goûts. Là où le manque est absent, il y a donc place pour un plaisir de qualité.

À bien y réfléchir, d'ailleurs, le plaisir lié à l'intempérance et le plaisir de l'action ne sont pas aussi étrangers l'un à l'autre que nous pourrions le penser : le premier n'est que la forme inachevée du second. Si l'affamé prend plaisir à manger, c'est que la nourriture restaure en effet en lui un état qui lui permet d'agir. L'action de l'organisme n'est plus empêchée par la dénutrition, elle devient fluide et sans heurt. C'est cela qui rend plaisante la suppression du manque. C'est aussi ce qui fait qu'un obèse se sentira entravé. Son surpoids limite sa capacité d'agir, chaque geste devient chez lui précautionneux et essoufflant. À l'inverse, nous nous sentons toujours merveilleusement souples lorsque nous sortons d'une activité sportive. Nous sentons alors notre corps libre et généreusement disposé à l'action, découplé et prompt à nous obéir.

Le plaisir lié au manque n'est donc, dit Aristote, qu'un plaisir « par accident » : la suppression du manque n'est pas plaisante en elle-même, mais seulement parce qu'elle favorise à nouveau l'activité de l'organisme. C'est dans cette activité que réside vraiment le plaisir. Par conséquent, il n'y a en fait qu'une seule et unique forme de plaisir : le plaisir accompagnant l'action ! L'autre forme de plaisir n'est qu'accidentelle, incomplète :

> « C'est par accident que les mouvements visant à restaurer l'état naturel sont agréables, tandis que l'activité qu'impliquent les appétits est celle de l'état ou de la nature qui reste. » (E.N., VII, 1152 b 34-35)

La vie est un acte

Si le vrai plaisir est dans l'action, nous ne manquons jamais d'occasions de l'éprouver. En effet, l'existence elle-même dans sa globalité peut être considérée comme un acte.

> « Si nous existons, c'est par un acte, c'est du fait que nous vivons et agissons. » (E.N., IX, 1168 a 6)

Même dans la plus parfaite immobilité nous agissons encore : les organes qui nous tiennent en vie agissent en permanence. Chaque instant de cette vie préservée est donc un acte qui a sa valeur en lui-même. Plaisir, même si ténu, de respirer encore !

Mais ce n'est pas seulement la vie qui agit en nous. Nous-mêmes agissons à travers elle tout le temps de notre existence. Il y a place pour l'action dès que nous prenons une décision, n'importe laquelle. Décider d'aller acheter son pain le matin à la boulangerie ou de se marier, de nettoyer sa voiture ou d'éteindre la télévision… ce sont tout pareillement des actions, dans lesquelles notre vertu peut se manifester. Nul besoin d'imaginer qu'une action doit être grande ou remarquable !

Nous pourrions dire plutôt que notre quotidien nous offre mille et une occasions d'agir. Mais agir suppose plus qu'une simple décision. Encore faut-il que nous apprenions à décider de nos actes pour eux-mêmes et non pour autre chose dont ils seraient la promesse et comme la condition. Considérons ce que nous réalisons comme autant d'occasions offertes de jouir du plaisir d'agir. Bref, il nous faut investir chacune de nos entreprises d'une valeur intrinsèque sans attendre l'accréditation d'une fin extérieure.

> « Il faut encore que l'agent les [ses actions] exécute dans un certain état : d'abord, il doit savoir ce qu'il exécute ; ensuite, le décider et, ce faisant, vouloir les actes qu'il accomplit pour eux-mêmes. » (E.N., II, 1105 a 31-32)

Questions vitales

1. Connaissez-vous des personnes qui ont de bien curieux violons d'Ingres ? Elles collectionnent des capsules, s'acharnent à trouver de nouveaux timbres, passent de longues heures à constituer des puzzles qu'elles démontent aussitôt après… Cela vous étonne-t-il ou vous adonnez-vous à ce genre d'activité ? Le but poursuivi semble modeste et ne pas mériter tous ces efforts. Oui, c'est vrai ; mais le but n'est qu'un prétexte. Le plaisir est dans l'action…

2. Vous arrive-t-il de vous plaindre de votre travail ? Il y a tant d'autres choses que vous aimeriez faire, plutôt que cela ! Êtes-vous insatisfait de votre emploi parce qu'il ne vous convient pas ? C'est tout à fait possible. Mais il se pourrait aussi qu'il y ait autre chose : incapable de concevoir votre activité autrement que comme une production, vous n'y prenez naturellement aucun plaisir.

En ce cas, partir élever des chèvres dans le Larzac ne vous sera pas d'un grand secours, car vous y importerez le même schéma qui rendra votre travail de berger tout aussi pénible… et vous passerez probablement votre temps à courir d'un emploi à un autre, toujours insatisfait, alors que le problème est en vous.

3. Une fois par semaine, je m'astreins à faire le ménage dans mon appartement. Je commence en traînant les pieds, tirant l'aspirateur comme un boulet de fonte. Je brique, je nettoie, je range, forçat de la vie organique, sacrifié malheureux à la cruelle fée du logis. Au début, je suis impatient d'en terminer. Puis, petit à petit, à force d'y être, je m'y trouve vraiment. Un sérieux méthodique s'installe, qui me force malgré moi à traquer la moindre tache sur la table du salon, à pourchasser la macule, le petit objet dérangeant. La paisible araignée qui faisait son lit sous le mien sans rien demander à personne doit déguerpir au plus vite.

L'amateur ménager en moi s'est soudain transformé en forcené du torchon. Est-ce bizarrerie de ma part ou faites-vous aussi parfois la même expérience ? Une tâche dans laquelle on s'applique devient une action à laquelle on finit par prendre du plaisir.

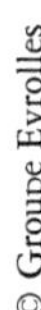

L'importance
des bonnes dispositions

Faire preuve d'excellence n'est pas chose facile. Pour donner le meilleur de nous-mêmes, il nous faut aussi être capables de percevoir dans chaque situation ce qui est plus propre à encourager notre épanouissement. Cette aptitude relève d'une sensibilité aux choses et aux actes qui nous conviennent. Malheureusement, nos dispositions affectives n'en font bien souvent qu'à leur tête : non contentes de nous égarer dans des prédilections qui nous sont nuisibles, elles nous y maintiennent longtemps avec une ténacité décourageante.

Des conditions extérieures favorables à notre épanouissement

La mise en œuvre de nos facultés est un processus qui demande de nombreuses conditions. Un poumon ne peut remplir sa fonction dans un environnement dépourvu d'oxygène, un œil ne peut rien voir sans lumière. De même, un enfant privé de l'attention de ses parents ne dispose pas des conditions requises pour donner toute sa mesure… pas plus d'ailleurs qu'un enfant continuellement étouffé par leur vigilance anxieuse. Le passage qui permet de glisser de la puissance (au sens de potentiel) à l'acte ne peut donc s'opérer sans la présence de conditions favorables.

> « Qu'aucun obstacle extérieur n'empêche l'action de la puissance, il est inutile de l'ajouter. Un être, en effet, a la puissance dans la mesure où celle-ci est un pouvoir d'agir, pouvoir non pas absolu,

mais soumis à certaines conditions, parmi lesquelles sera comprise l'absence d'obstacles extérieurs [...]. » (*Méthaphysique*, 1048 a 16-21)

Ainsi, ce qui est en puissance n'aura aucune chance de se réaliser tant que les obstacles n'auront pas été écartés. L'obligation de disposer de conditions adéquates explique pourquoi notre bonheur ne dépend jamais entièrement de nous. Nous évoluons à l'intérieur d'un contexte familial et social que nous ne maîtrisons pas. Il serait naïf de croire que nous pourrions trouver à nous épanouir dans un milieu délétère. Un habitant du tiers-monde occupé à lutter pour sa subsistance et pour sa survie dans un environnement de guerre civile peut difficilement aspirer au bonheur. Prétendre le contraire serait manquer singulièrement de bon sens.

> « Tout le monde croit que l'existence heureuse est une existence agréable et rattache de façon inextricable le plaisir au bonheur. C'est parfaitement rationnel, car aucune activité n'est achevée lorsqu'elle est entravée. Or le bonheur fait partie des réalités achevées. C'est pourquoi l'homme heureux a besoin, par surcroît, des biens corporels, des biens extérieurs et de la fortune, afin de ne pas avoir d'entraves venant de là. Et ceux qui prétendent que le supplicié sur sa roue ou la victime de grandes infortunes sont heureux pourvu qu'ils soient hommes de bien, ces gens-là, bon gré mal gré, parlent pour ne rien dire. » (E.N., VII, 1153 b 17-21)

Il ne suffit pas de changer notre propre manière d'être en travaillant sur nous-mêmes pour nous rendre heureux ; en grande partie, il faut aussi parfois que le monde change autour de nous. Le bonheur est donc une question personnelle, mais aussi éminemment politique.

L'omniprésence du travail, un obstacle de taille

Il serait cependant assez réducteur de vouloir limiter cet enjeu politique à la recherche des conditions matérielles permettant de garantir la prospérité et la sécurité de tous. La prospérité est importante, mais elle est loin d'être suffisante. Notre société, justement parce qu'elle poursuit un idéal de confort, est soumise à un modèle de production qui pèse lourdement sur notre capacité à être heureux. À bien des égards, l'homme occidental est beaucoup plus inapte à concevoir ce que serait une vie dévouée à l'action, car son environnement immédiat l'encourage systématiquement à produire plutôt qu'à agir.

Chacun d'entre nous consacre en effet une grande partie de ses journées à fournir un travail qui lui garantit un salaire. En dehors de l'employé en reconversion ou de l'élève en phase de discernement, rares sont ceux qui se posent la question : « Quel type d'activité me convient le mieux ? » La réponse qu'elle appelle vise systématiquement au choix d'une profession et seulement à cela. Savoir pour quoi l'on est fait revient donc à se demander quel travail il nous faut exercer. Perspective décourageante, qui vient de ce que notre modèle de société est entièrement dévolu au monde du travail. Nous sommes alors incapables de concevoir une vie de loisir dans laquelle chacun agirait pour le seul plaisir d'agir.

Nous en sommes d'ailleurs tellement incapables que le mot même de « loisir » n'évoque plus pour nous que ce temps de pause où, libérés du travail, nous jouissons enfin d'un repos bien mérité, pour récupérer de la fatigue accumulée. Conçu ainsi, le loisir n'est que l'envers du travail. Toute une industrie s'est aujourd'hui développée, consacrée à ces temps de repos où nous voulons nous divertir : productions cinématographiques qui n'ont pour but que de nous délasser, frénésie de jeux auxquels nous nous consacrons avec une joie d'autant plus grande qu'ils nous ramènent en enfance, agences de voyages qui nous offrent le paradis langoureux d'une plage de sable fin, discothèques où s'amuser le soir en sortant d'une journée harassante…

> « L'homme qui travaille a besoin du délassement, et le jeu est en vue
> du délassement, alors que la vie active s'accompagne toujours de
> fatigue et de tension. » (*La Politique*[1], VIII, 3, 1337 b 37)

Pourtant, toute cette agitation ne nous fait guère sortir de l'univers omniprésent du travail. Si nous ressentons le besoin de ne rien faire, de nous reposer en multipliant des occupations abrutissantes, c'est parce que le travail est une activité fatigante. Or ce ne sont pas les efforts qu'il nous demande qui le rendent fatigant. Une activité peut être difficile et demeurer cependant très agréable. Mais elle cesse immédiatement de l'être, même si elle ne nous coûte rien, dès lors qu'elle n'a pour unique fonction que de produire un objet : le devoir que l'élève doit rendre à son maître et qui le laisse épuisé avant même d'avoir commencé, le rapport que l'employé doit remettre à son supérieur, les cadences qu'il faut augmenter, les cotations qu'il faut surveiller…

Bien sûr, un travailleur peut aussi prendre plaisir à ce qu'il fait. En ce cas, tant mieux pour lui ! On ne lui interdit pas d'aimer son travail et de s'y livrer avec délectation ; on l'y encourage même. Mais son plaisir d'agir reste alors un instrument au service de la production. C'est l'objet produit qui importe, et lui seul. L'épanouissement du salarié peut être propice à sa production… il n'en demeure pas moins que son action est considérée seulement comme un moyen au service de la production. C'est cette norme qui régit notre univers mental, cette norme dont il faudrait idéalement pouvoir se libérer. Or, ce n'est certainement pas en diminuant le temps de travail et en augmentant celui consacré à la détente que nous y échapperons.

---

1. *La Politique*, traduction J. Tricot, Vrin, 1962.

> « Nous ne laisserons les amusements[1] s'introduire qu'en saisissant le moment opportun d'en faire usage, dans l'idée de les appliquer à titre de remède, car l'agitation que le jeu produit dans l'âme est une détente et, en raison du plaisir qui l'accompagne, un délassement. Le loisir, en revanche, semble contenir en lui-même le plaisir, le bonheur et la félicité de vivre. Mais ce bonheur n'appartient pas aux gens occupés, mais seulement à ceux qui mènent la vie de loisir : car l'homme occupé travaille en vue de quelque fin, envisagée comme n'étant pas encore en sa possession, alors que le bonheur est une fin, laquelle, au jugement de tous les hommes, s'accompagne toujours de plaisir et non de peine. » (*La Politique*, VIII, 3, 1337 b 40-45)

L'argent, un instrument à double tranchant

Le bonheur est donc affaire de politique. Il l'est d'autant plus si nous considérons, comme les philosophes grecs avaient coutume de le penser, que les questions d'éducation ressortissent aussi à ce domaine. Car il ne nous suffit pas de trouver en dehors de nous-mêmes les conditions adéquates à notre épanouissement. Encore faut-il apprendre à désirer les choses qui nous permettront de donner le meilleur de nous-mêmes.

Par exemple, disposer d'une grande richesse n'est pas un maigre avantage tant que l'argent nous offre les moyens d'obtenir ce qui nous est le plus profitable. La force de l'argent, en effet, est d'être un objet symbolique qui n'a en lui-même aucune valeur d'usage. L'or ne peut nous nourrir, ni nous vêtir ; il n'est aucune de ces choses utiles à la vie. Le roi Midas, condamné à transformer en or tout ce qu'il touchait, l'a appris à ses dépens. Or, c'est justement parce que l'argent n'est rien en lui-même qu'il est potentiellement n'importe quoi. Moyen d'échange par excellence, il rend les choses commensurables et devient par là l'équivalent potentiel de tout.

---

1. Dans cette citation, les « amusements » correspondent pour Aristote aux loisirs d'aujourd'hui. À l'inverse, le terme « loisir » a un sens philosophique : l'idéal de la *praxis*.

Nous sommes quelquefois scandalisés par le pouvoir envahissant de l'argent. Certaines choses, dit-on, ne devraient pas se vendre. Elles ne le devraient pas, mais elles le peuvent. À force de n'être rien, l'argent a ce pouvoir étrange d'être tout.

Il est donc le meilleur moyen d'obtenir ce que nous désirons. Mais il est aussi, corrélativement, le meilleur moyen de désirer tout ce que nous pouvons obtenir. Disposer d'une grande richesse ouvre en effet à notre désir une carrière glorieuse : tout ce qui est susceptible d'être possédé devient susceptible d'être désiré. Lorsque notre désir est incapable de reconnaître ce qu'il lui faut, la richesse devient un encouragement à désirer n'importe quoi. C'est d'ailleurs souvent ainsi que les choses se produisent : nous croyons vouloir être riches pour accomplir de sages projets auxquels nous tenons ; puis la richesse ouvre soudain la voie à des appétits qui étaient présents jusque-là, mais que l'empêchement de moyens nous obligeait à taire. D'un seul coup, nous ne cherchons plus ce qui serait à même de nous contenter, nous nous contentons plutôt de tout ce que nous sommes à même de posséder. Notre désir, ne sachant pas ce qu'il lui faut, se précipite dans la richesse pour avoir l'embarras du choix. Il se fixe sur ce qui lui est accessible plutôt que sur ce qui lui est avantageux. En somme, la richesse est comme la pauvreté : elle fait de nécessité vertu.

> « Car, comme dit le proverbe, la surabondance enfante l'insolence, de même que le manque d'éducation joint à de grands moyens engendre la folie. En effet, pour ceux qui sont dans les mauvaises dispositions en ce qui concerne les choses de l'âme, ni la richesse, ni la force, ni la beauté ne sont des biens. Mais d'autant plus ces dernières dispositions surabondent, d'autant plus gravement et plus souvent nuisent-elles à celui qui les a acquises, si elles sont présentes sans sagesse. Car l'expression "Pas de couteau à un enfant !" revient à dire de ne pas mettre de grands moyens entre les mains de gens qui ont des défauts. » (*Protreptique*, 1)

Des dispositions affectives aveuglantes

Par conséquent, il est crucial d'être à même de discerner ce qui est bon pour soi, ce qui favorise son épanouissement. Choisir la personne avec laquelle partager sa vie n'est pas une mince affaire ! Il est des amours qui excitent en soi le pire, et non le meilleur. N'en déplaise à ses sectateurs, l'amour n'est pas toujours une belle chose. Celui de Rodrigue pour Chimène est magnifique parce qu'ils sont jeunes tous les deux, parce qu'ils sont beaux, parce que leur sentiment les porte à une émulation de bravoure et de sacrifice.

Mais pour un tel amour, combien d'amours fourvoyés au sein desquels chacun se sent prisonnier d'affections qui le rendent malheureux ? Combien de relations qui nous enlaidissent et auxquelles nous sommes malgré tout incapables d'échapper parce qu'elles nous plaisent ? De tels couples ressemblent à des noyés qui s'accrochent désespérément l'un à l'autre. L'amour chien existe, un amour nuisible qui fait souffrir, comme les amitiés perverses.

Ainsi, nos dispositions affectives concourent beaucoup à notre aveuglement. Elles nous portent à prendre plaisir à des choses ou des êtres qui nous font du tort, tandis que nous demeurons parfaitement indifférents à ceux qui nous permettraient d'accomplir notre nature.

Cette singularité est le legs que nous devons à notre éducation. Que de mauvaises dispositions nous avons héritées de notre enfance ! Des affects tordus qui nous précipitent dans des inclinations malsaines, des souffrances rentrées, des culpabilités, des humiliations, des désaffections odieuses qui finissent par nous rendre très sensibles des choses qui ne le sont aucunement. Un enfant battu par son père finira par trouver normal l'usage de la violence. Les bastonnades qui lui font si mal deviendront les coups qu'il aime donner. Les destinées familiales sont accablantes ; elles font de chaque petit enfant le relais involontaire des travers de ses parents.

> « On songe à celui qui s'excusait de frapper son père : "c'est que lui aussi, disait-il, frappait le sien et ce dernier déjà le sien la génération plus haut" ; puis, montrant son petit garçon : "lui aussi me battra, disait-il, quand il sera devenu un homme, car c'est congénital chez nous". Je songe aussi à celui que son fils traînait dehors, et qui lui donnait l'ordre d'arrêter devant la porte parce que lui-même n'avait traîné son propre père que jusque-là ! » (E.N., VII, 1149 b 8-13)

Se délivrer de toutes ses mauvaises dispositions affectives est un travail de longue haleine. Il faut du temps pour détricoter ce qui a été si profondément inculqué. C'est que nos affects sont un chancre terriblement résistant, indéracinable par les seules vertus du discours. Nous pouvons certes par ce biais identifier nos mauvaises dispositions, ce qui n'est déjà pas si mal. Mais nous en délivrer est autrement difficile, parce que nos appétits sont irrationnels. Cela ne veut pas dire que notre vie affective irait systématiquement contrarier notre raison, comme si la bête en nous s'affrontait en permanence à l'homme que nous sommes. Irrationnel signifie seulement que la disposition affective est dépourvue de raison, c'est-à-dire régie par une économie sensiblement différente de celle qui gouverne nos dispositions intellectuelles. Nos appétits ne vont pas toujours *contre* notre raison, mais ils ont leur propre vie *à côté* d'elle.

Par conséquent, nous pouvons aisément contracter des désirs raisonnables, sans que nos appétits renoncent à s'entêter. Nous en faisons l'expérience toutes les fois où nous nous montrons incontinents.

> « En effet, prenons le continent et l'incontinent. Nous louons leur raison à tous deux ou la partie rationnelle de leur âme, parce que ses injonctions sont correctes et qu'elle invite aux actions les meilleures. Mais manifestement, il y a aussi en eux une autre chose,

naturellement distincte de la raison, qui est en conflit avec elle et lui résiste car, exactement comme les membres paralysés du corps qu'on décide de mouvoir vers la droite se portent au contraire vers la gauche, dans le cas de l'âme, on constate aussi ce mouvement de désobéissance : c'est, en effet, en sens contraire que vont les impulsions de l'incontinent, sauf que, dans les corps, nous voyons ce qui se porte de travers, tandis que dans le cas de l'âme, nous ne le voyons pas. Mais il n'en reste sans doute pas moins que dans le cas de l'âme aussi, on puisse penser qu'il y a quelque chose, à côté de la raison, qui lui est contraire et qui marche contre elle. » (E.N., I, 1102 b 15-25)

Ainsi, un individu peut reconnaître qu'un certain type d'aliments ne lui convient pas (trop gras, trop sucré, trop salé, etc.), sans être pour autant capable de résister à l'attrait que ces derniers exercent sur lui. Son goût a été si longtemps accoutumé à la saveur forte et artificielle de certains plats qu'il trouve insipides tous les autres. Considéré en général, son désir est bon et vertueux : il reconnaît qu'un certain type d'aliments ne lui convient pas. Mais dès qu'il se frotte au particulier, ses impulsions prennent le dessus : il ne peut s'empêcher de les manger.

C'est donc toute une éducation qu'il nous faudrait refaire ! Une éducation sentimentale qui nous apprendrait à prendre plaisir à ce qui nous est bénéfique et qui nous enseignerait aussi le dégoût de ce qui nous nuit. Beau programme ! Mais comment faire ?

Questions vitales

1. Avez-vous parfois le sentiment de vous montrer injuste envers des amis ou des parents qui ne voulaient que vous aider ? Avez-vous déjà regretté un geste d'agacement contre une main prévenante qui devançait votre désir ? Ne soyez pas trop dur avec vous-même ! Ceux qui veulent aplanir le chemin sous nos pieds nous privent du même coup du plaisir de marcher. Les gens serviables ne sont jamais bien payés de retour. C'est leur faute, aussi. Personne ne leur a demandé d'agir à la place d'autrui ! Vous souhaitez faire vos preuves, qu'on ne vienne pas vous en empêcher par un excès de sollicitude mal placée…

2. Sauriez-vous distinguer, dans votre entourage, les personnes qui sont les plus propices à votre épanouissement personnel ? Lesquelles vous encouragent à donner le meilleur de vous-même, à vous hisser plus haut ? Lesquelles au contraire vous donnent le sentiment d'être incapable de rien faire, condamné à une médiocrité qui vous laisse sans défense lorsqu'elles ne sont plus là ? On vous reproche d'avoir de mauvaises fréquentations ? Jugez-en par vous-même !

Philo-action

Imposez-vous héroïquement de regarder toutes les publicités qui passent à la télévision. Auxquelles vous montrez-vous le plus sensible ? À celles qui font valoir l'utilité remarquable de l'objet vendu (ses qualités à laver plus blanc que blanc, à raser au plus près de la peau, à rouler en toute sécurité…) ou bien à celles qui mettent en évidence un certain modèle d'excellence dont est porteur le détenteur de l'objet (l'élégance d'un homme qui roule dans une voiture de luxe, le pouvoir envoûtant d'un cou parfumé, l'enjouement sans complexe d'un amphitryon qui sert à ses hôtes des plats surgelés…) ? Les publicitaires sont des aristotéliciens : ils ont compris qu'on ne peut rendre attractif un objet sans faire de lui une condition propice à l'excellence que nous recherchons tous.

Agir comme agirait le vertueux

Comme beaucoup de philosophes de son époque, Aristote est animé par un grand souci du « comment ». Diagnostiquer nos illusions est un premier pas ; leur substituer de nouveaux comportements en est un second. Mais expliquer la manière de s'y prendre est un aspect essentiel de la thérapie que beaucoup trop de philosophes modernes laissent à la discrétion de leur lecteur.

Sur ce point, la philosophie antique a bien des leçons à offrir. Elle est éminemment pratique, en un double sens : d'une part elle interroge des problèmes pratiques, qui ont trait à notre vie ordinaire ; d'autre part elle offre des solutions pratiques qui permettent au savoir transmis de se fondre en notre nature.

Que faut-il faire, donc, pour satisfaire notre ambition d'excellence ? Si nos actions nous semblent parfois si médiocres, c'est parce que nous avons du mal à y mettre beaucoup de nous-mêmes. Nous n'agissons pas vraiment, ou du moins nous agissons souvent du bout des doigts, en tant que simples intermédiaires plutôt qu'acteurs véritables. Et nous passons notre temps à vivre une double existence, partagés entre des actions dans lesquelles nous ne nous reconnaissons pas et une vie intérieure pleine de virtualités inaccomplies.

Or se sentir une âme exceptionnelle, avoir la tête foisonnante d'idées brillantes ou d'inventions originales ne fait pas de vous un génie tant que vous en restez à cette ébauche de pensée où tout se mélange dans votre esprit. Il faut que vous fassiez l'effort d'organiser cette joyeuse anarchie, que vous donniez forme et agencement à vos idées, que vous pensiez en acte au lieu de jouir seulement de votre puissance de penser.

Reconnaissons-le : l'action représente un risque, celui de découvrir que nous nous sommes trompés sur notre propre compte, que nous n'étions pas taillés à la mesure de nos ambitions. D'ailleurs, est-ce vraiment un risque ? Nos actions sont les tombeaux de nos aspirations, soit. Mais elles sont aussi de merveilleux révélateurs ! Nos échecs sont riches de leçons. En nous mettant à l'épreuve, nous finissons par apprendre de nous bien plus efficacement que par aucun autre moyen. C'est dans l'action que nous nous découvrons, parce que c'est aussi en elle que nous prenons le risque de nous exposer. Le jeu de l'action est toujours gagnant… à condition de s'y prêter sans réserve.

Attendre de savoir quoi faire pour prendre enfin la peine d'agir reviendrait à attendre d'être pianiste pour commencer à jouer du piano. Or ce sont nos actions qui font nos dispositions. Modifier ces dispositions afin d'y voir plus clair demande donc d'agir d'abord. Il faut commencer par agir si nous voulons trouver notre vertu, et non attendre d'être vertueux pour accepter *in fine* de donner un peu de nous-mêmes à nos actions.

Concrètement, cela signifie que toute occasion d'agir est bonne à prendre. Beaucoup des activités auxquelles nous nous livrons quotidiennement n'ont pas été choisies par nous. Ou si elles l'ont été, c'est sans réflexion, par défaut, par conformisme. La vie nous a menés là, au milieu d'occupations marquées, confrontés à des sollicitations qui requièrent de notre part un certain comportement. Il en est ainsi de notre travail ou des exigences de notre vie de famille. Ces occasions d'agir sont autant d'opportunités précieuses de s'éprouver soi-même, d'agir comme agirait l'homme vertueux, même si nous n'y sommes pas à notre affaire. Elles sont les bancs d'essai de notre vertu. C'est à force de faire que nous finirons vraiment par savoir ce pour quoi nous sommes faits.

Ce n'est pas facile, certes. Beaucoup d'obstacles expliquent que nous soyons détournés de nos actions et que nous ayons toutes les peines du monde à habiter de notre présence les actes qui nous rendent présents au monde. Écarter ces obstacles, donner au moindre geste le surplus d'âme qu'il requiert, voilà donc ce qu'il nous faut apprendre.

Les habitudes saines, de puissants alliés

Nos habitudes sont le premier obstacle à franchir sur le chemin qui mène à « habiter » nos actions. L'habitude use l'attention, elle enferme dans des comportements routiniers tenaces. Est-ce à dire qu'il nous faudrait nous déshabituer de tout ? Au contraire. Bien utilisée, la force de l'habitude est un puissant allié.

Se méfier de l'usure de la routine

L'habitude envahit notre vie, et principalement notre quotidien. Nos actions les plus ordinaires, les plus répétitives, sont celles que nous songeons le moins à investir de notre attention, celles que nous sacrifions le plus volontiers à d'autres préoccupations : le petit-déjeuner du matin, les rituels obligés de la vie familiale, les parcours immuables de la maison au bureau, puis du bureau à l'école, puis de l'école au supermarché, les tâches répétitives et lassantes d'un travail que nous connaissons par cœur… Nous rivalisons d'attention et d'ingéniosité quand il s'agit de plaire à des inconnus, mais nous ne prenons plus la peine de songer à notre apparence ni même de réfléchir à nos actions dès que nous rentrons chez nous.

Le quotidien est ainsi le premier domaine où nous oublions d'agir. Or, c'est aussi celui qui occupe le plus grand nombre d'heures dans la journée ! Autant dire qu'une part essentielle de notre vie est assignée à une gestion automatisée des tâches qui nous permet de jouer impunément les déserteurs. L'habitude, c'est peu de le dire, use notre capacité à agir.

> « Certaines choses plaisent parce qu'inédites, mais n'ont plus ultérieurement un charme semblable ; c'est pour la même raison. Au départ en effet, la pensée se trouve sollicitée et son activité se manifeste par l'extrême attention dont elle entoure ces choses comme le font, quand il s'agit d'y voir, ceux qui fixent les yeux sur un objet tandis que dans la suite, l'activité ne manifeste plus ce genre de zèle, mais présente une allure un peu désinvolte. C'est précisément pourquoi le plaisir s'émousse. » (E.N., X, 1174 b 7-10)

Ne pas tomber dans le piège de la mollesse

L'habitude ne nous conduit pas seulement à être moins attentifs. Elle crée aussi une forme d'inertie qui rend très difficiles les changements que nous aimerions opérer dans notre vie. Il est bien plus facile de faire prendre à un enfant de bonnes dispositions que de changer les nôtres, une fois qu'elles sont contractées.

> « En tout cas, le souhaiterait-il, l'homme qui est injuste ne cessera pas de l'être à ce prix, c'est-à-dire ne sera pas un juste du fait qu'il le souhaite. Le malade en effet n'a pas non plus la santé à ce tarif et, dans son cas, il consent à rester malade s'il mène une existence d'incontinent et désobéit à ses médecins. Il y eut un temps, certes, où il était en son pouvoir d'éviter la maladie, mais au point où il en est, cela ne lui est plus possible. C'est comme quelqu'un qui a décoché une pierre : il n'est plus capable de la rattraper ; mais il ne tenait pourtant qu'à lui de la prendre et de la lancer, puisque le point de départ de ces mouvements résidait en lui. Or l'injuste et l'intempérant, de la même façon, avaient aussi au départ la faculté de ne pas devenir ce genre d'individus. C'est pourquoi ils le sont de plein gré. Et maintenant qu'ils le sont devenus, ils n'ont plus la possibilité de ne pas l'être. » (E.N., III, 1114 a 12-22)

Du moins n'ont-ils plus la possibilité d'être ce qu'ils souhaitent par simple décision. Leur reste seulement celle de rectifier au coup par coup celui qu'ils sont devenus. S'il faut beaucoup de temps pour déplacer la moindre ligne en soi tant l'habitude est tenace, repérer ce qui ne va pas ne demande que quelques instants de réflexion. Non seulement nous en sommes tous capables, mais les événements nous forcent parfois à nous retourner sur nous-mêmes, à entrer en dissidence contre nous. La lutte ne fait que commencer. Mieux vaut être lourdement armé, et principalement de patience. Car le moi tient forteresse, c'est un réactionnaire qui déteste les *aggiornamento*.

Il faut donc consentir un véritable effort pour venir à bout d'une seule habitude ! Quand elle est bien installée, il est plus facile de l'entretenir que de la contrarier. Pourquoi faire l'effort de sortir de chez soi quand on y est si bien ? L'esprit casanier incarne le confort paradoxal : nous restons dans une situation non tant parce que nous nous y épanouissons, mais parce qu'il est moins coûteux d'y demeurer. L'idée même de contrarier des habitudes si bien réglées, de décider d'aller courir ou de sortir boire un verre, fait planer l'ombre d'un effort dont la simple ébauche nous épuise. Nous nous sentons alors trop fatigués pour sortir, alors qu'en réalité, c'est l'idée même de sortir qui a étendu sur nous l'impression d'être éreinté. Nous avons ainsi besoin de nous reposer d'un effort qui a été seulement entrevu. Ce piège de l'inertie, Aristote le nomme « mollesse ». La mollesse incarne la fuite systématique devant l'effort pénible, le sentiment de fatigue qui s'entretient de lui-même.

> « Quant à celui qui manque de résistance devant les peines auxquelles le grand nombre fait face et peut opposer sa force, cet homme-là est un mou et fait preuve de relâchement. Car le relâchement est une forme de mollesse : il n'est qu'à voir celui qui laisse traîner son manteau pour s'éviter la peine de le soulever ou celui qui joue au malade et, sachant bien qu'il n'est pas dans la misère, prend des airs de misérables. » (E.N., VII, 1150 b 1-5)

Mettre l'habitude au service de l'action

Peut-on y faire quelque chose ? Et même, faut-il vouloir à tout prix contrarier ses habitudes ? N'est-ce pas aussi la force de ces automatismes que de nous permettre d'agir plus facilement, en diminuant la part d'effort qu'il faut consentir chaque fois à ce qui est inédit ? L'habitude rend l'action plus fluide, plus facile. C'est l'habitude qui permet au sportif d'accomplir des gestes sans y penser ; il peut alors concentrer son attention sur certains aspects de son activité sans se soucier de la manière dont il doit positionner sa main ou sa jambe. De même, un jeune automobiliste ne regarde pas assez la route, parce qu'il est trop occupé à conduire et changer ses vitesses. L'habitude de conduire lui permettra de remédier à ce problème, en libérant son attention. L'habitude peut ainsi aussi être utile à l'action, offrir les moyens d'agir plus efficacement.

L'habitude n'est donc pas mauvaise en soi. Seule est nocive celle qui vient se substituer à l'action, et non celle qui l'assiste. Un conducteur qui n'agit plus du tout, habitué qu'il est à faire toujours le même trajet, risque l'accident. Les statistiques le prouvent : la plupart des accrochages surviennent le long d'un trajet familier. Dans ce cas, l'habitude vient se substituer à la conduite, au lieu de permettre une conduite plus vigilante. En somme, il nous faut contracter des habitudes non pour ne plus avoir à agir, mais pour agir d'autant mieux.

C'est dire qu'il ne s'agit pas du tout d'user de l'habitude pour être moins attentifs à ce que nous faisons. Peut-être l'habitude de contempler le même visage finit-elle par le rendre lassant. L'habitude de voir peut certainement nous dissuader de regarder. Mais elle est aussi un encouragement à regarder mieux et à s'enchanter de détails qui nous ont longtemps paru insignifiants, de défauts que nous trouvons soudain charmants. Certains visages peuvent paraître laids à première vue, et prendre progressivement avec l'habitude une véritable profondeur. Dépasser une beauté superficielle qui accroche d'abord le regard, comme le font les pots à miel aux doigts des petits enfants, puis s'enfoncer progressivement dans la contemplation d'un charme habité par une présence, n'est-ce pas cela le vrai amour ?

Défaire une habitude grâce à une autre

Si l'habitude d'agir d'une certaine manière rend plus facile notre action, c'est aussi grâce à elle que nous apprenons à surmonter nos mauvaises dispositions. L'habitude peut en principe défaire ce qu'elle nous a légué.

> « On objectera peut-être : notre homme est tel qu'il ne peut s'en préoccuper ! Mais les hommes sont eux-mêmes responsables d'être devenus tels, à force de vivre de manière relâchée. Ils sont aussi responsables d'être injustes ou intempérants à force, dans le premier cas, de perpétrer des méfaits et, dans le second, de s'adonner aux beuveries ou aux plaisirs de ce genre. Ce sont en effet les activités auxquelles ils se livrent en chaque domaine qui les rendent tels. On le voit d'ailleurs à ceux qui s'exercent en vue d'un concours ou d'une action quelconque. Ils passent en effet leur temps à des activités en rapport. Ainsi, ignorer que les actes auxquels on se livre en chaque domaine sont à l'origine de nos états relève d'un manque singulier d'observation. » (E.N., III, 1114 a 3-11)

Tout fumeur sait que les premiers mois du sevrage sont les plus difficiles. Mais à force de s'abstenir, l'envie de fumer devient moins pressante. L'habitude est donc le meilleur allié de nos résolutions. Des actes répétés peuvent installer en nous de bonnes dispositions. À force de surmonter notre peur, nous finissons par ne plus être autant effrayés. À force de manger sainement, nous n'aimons plus les aliments dont le goût a été artificiellement relevé. À force de nous soucier de nous-mêmes, nous ne sommes plus aussi occupés des autres. Il faut d'abord faire l'effort d'agir, et puis d'agir encore, pour que, petit à petit, cet effort devienne moins grand et moins coûteux.

Ce qui nous a d'abord paru pénible peut alors enfin devenir agréable. Le fumeur repenti se sent mieux respirer, le gourmet prend plaisir à manger des légumes dont il n'avait pas idée qu'ils puissent être à ce point sapides, le peureux prend progressivement plaisir à ressentir l'excitation qui prélude aux affrontements. Bref, la continence est le prélude à la tempérance.

L'homme continent, en effet, résiste à ses mauvaises dispositions : il ne prend pas plaisir à ce qu'il fait, mais il sait au moins qu'il ne doit pas céder à la tentation de se faire plaisir. Le continent est un incontinent sans la défaite. Il est victorieux de ses tendances, mais il les conserve et doit malgré tout s'épuiser à lutter pied à pied contre elles. À force de triomphes, l'habitude aidant, il finit toutefois par se changer. Il n'a plus autant à se battre contre de mauvaises inclinations, car celles-ci disparaissent petit à petit, faute d'entretien ; il devient alors libre de prendre plaisir à ce qu'il fait, ce qui est la qualité même du tempérant.

> « Le premier [le continent] nourrit des appétits mauvais, alors que ce n'est pas le cas du second [le tempérant], et ce dernier est parfaitement incapable d'un plaisir qui s'écarte de la raison, tandis que le premier en est capable, mais en mesure de ne pas se laisser guider par lui. » (E.N., VII, 1152 a 2-3)

Puiser sa force dans l'habitude en situation de crise

Quant à cette inertie qui rendait si tenaces nos mauvaises habitudes, elle est aussi la meilleure alliée de nos vertus. Plus une disposition est acquise et intériorisée, plus elle facilite notre action. Les variations ordinaires auxquelles notre existence est soumise n'affectent alors en rien notre comportement. Avant comme après, nous continuons à agir en conformité avec nos projets. Il n'en va pas du tout ainsi lorsque nos résolutions tiennent par la seule force des conditions extérieures. Une brusque promotion, un succès inattendu suffit parfois à nous faire perdre la tête. Nous qui étions si sages et si modestes devenons d'un seul coup méprisants et condescendants. « Tu as bien changé », s'entend-on dire. Comme si nous n'avions longtemps agi que portés à bout de bras par la seule force de notre environnement.

Dans les situations de crise, l'habitude est précieuse, car elle garantit la permanence d'un comportement réglé. Des militaires bien entraînés garderont ainsi leur lucidité et leur professionnalisme, même confrontés à des situations extrêmes. L'habitude qui s'est fondue dans leur caractère est leur assurance contre les aléas.

De la même façon, la mort d'un proche représente dans l'existence de chacun une terrible épreuve. Ces coups du sort impitoyables qui laissent un père sans enfant ou une femme sans époux font surgir une douleur d'autant plus violente qu'elle est inattendue. Nul n'est à l'abri de ces accidents qui précipitent soudain la vie en enfer. Pour se préserver de chagrins aussi dévastateurs, les stoïciens[1] avaient coutume de conseiller à leurs disciples de ne pas trop s'attacher : « On t'a pris ton enfant ? Dis-toi seulement que tu l'as rendu. » Il y a peu de chances que cet acrobatique exercice d'autoconviction vous soit d'une aide précieuse dans un moment de deuil. Préférez la leçon d'Aristote, plus praticable : ne cherchez pas à fuir la douleur. Elle est là de toute manière, et rien de ce qu'on pourra vous dire pour vous consoler ne diminuera votre peine. Mais ne laissez pas cette douleur vous ébranler au point d'ajouter au chagrin du deuil le spectacle d'une vie en déroute.

---

1. Le stoïcisme est une école philosophique de la Grèce antique fondée en 301 av. J.-C. par Zénon de Citium. Cette philosophie exhortait à la recherche d'un état de détachement grâce auquel la souffrance n'a plus de prise.

Accrochez-vous aux vieilles habitudes qui vous ont jusque-là permis de mener une vie épanouie et qui seront encore assez serviables pour vous offrir à présent les moyens d'affronter votre peine. Pour cela, évidemment, il faut que ces habitudes soient très profondément enracinées, afin que l'ouragan ne vienne pas emporter le chêne de vos vertus avec le toit de votre maison.

> « Il [l'homme vertueux] supportera aussi les caprices de la fortune avec le plus beau visage et restera partout entièrement à son affaire, du moins s'il est véritablement bon et d'une carrure irréprochable. Cependant, bien des choses se produisent au gré de la fortune et il y a une différence entre les grands et les petits aléas. Quand elles sont petites, les marques d'une bonne fortune et pareillement d'une fortune opposée ne pèsent évidemment pas lourd dans la vie. [...] À l'inverse, si ce sont des revers, ils entament et gâtent la félicité, car ils accumulent chagrins et obstacles à bien des activités. Et pourtant, même dans ces cas, on voit dans tout son éclat ce qui est beau, chaque fois que quelqu'un supporte sans aigreur des infortunes nombreuses et de taille, non par insensibilité à la douleur, mais parce qu'il possède noblesse et grandeur d'âme. » (E.N., I, 1100 b 21-32)

Philo-action

1. Avez-vous remarqué la dernière fois que votre conjoint a été chez le coiffeur ? Sauriez-vous dire depuis combien de temps il porte tel vêtement ? Pourriez-vous raconter la dernière conversation que vous avez eue à table ? Vous arrive-t-il d'oublier l'anniversaire de vos proches ? Une bonne manière de se rendre attentif à tous ces menus détails de la vie quotidienne est de se contraindre à noter chaque soir dans un journal les événements remarquables de la journée. C'est une très vieille pratique, mais toujours aussi utile ! Elle constitue un puissant antidote au sommeil dogmatique de nos journées.

2. Réfléchissez à une nouvelle habitude que vous souhaitez prendre et établissez un plan d'attaque. Ne vous contentez pas de résolutions trop vagues, vous vous tiendrez d'autant mieux à votre ambition si elle est précisément chiffrée. Si vous souhaitez, par exemple, reprendre l'habitude d'une pratique sportive, demandez-vous d'abord combien de fois par semaine vous comptez le faire. Puis fixez-vous un calendrier régulier et aménagez un horaire qui ne variera pas. Ce qui n'est pas habituel doit, bien plus que le reste, s'appuyer sur une régularité implacable. Apprenez à ritualiser vos pratiques si vous voulez qu'elles deviennent des habitudes.

3. Réfléchissez à une habitude dont vous souhaitez vous débarrasser. Est-elle liée à une autre habitude ? Parfois, la meilleure façon de venir à bout d'une mauvaise habitude est de s'attaquer à une autre qui lui est insidieusement associée. Par exemple, l'habitude de grignoter entre les repas peut être liée à celle de regarder la télévision. Il sera très difficile de mettre un terme à la première si vous ne venez pas d'abord à bout de la seconde. Il arrive qu'en se débarrassant d'une seule habitude stratégiquement choisie, nous soyons capables de venir à bout de beaucoup d'autres.

La sensibilité, une éducation esthétique

Être attentif à ses actions exige de garder les yeux grands ouverts : voir vraiment, entendre vraiment, sentir vraiment, être davantage présent à ce qui nous entoure. Tout cela est possible, mais demande pourtant un apprentissage dont nous aurions tort de nous croire dispensés. Sentir, cela s'apprend ! Ce n'est pas un talent naturel, mais une disposition que nous pouvons et devons acquérir.

Se laisser aller au plaisir des yeux

Quand le corps ne manque de rien, il s'ouvre et se rend attentif au monde qui l'entoure. Ce n'est pas le cas lorsque le manque le tient tout entier occupé à lui-même. La douleur est un poing qui assomme, une aiguille qui perce, un anthropophage dévorateur, un feu consumant. De telles sensations ne rendent guère disponible. Elles forcent au contraire le corps à se concentrer sur lui-même, aveugle à tout ce qui n'est pas lui. L'homme malade ne sent plus que sa souffrance, obnubilé qu'il est par cet étau qui l'enserre : il est littéralement sa douleur.

Ce qu'il sent, il l'éprouve au plus près de lui-même sous la forme d'un contact. Une lumière trop éclatante nous fait mal aux yeux, comme si quelqu'un appuyait son doigt sur nos paupières. C'est dire que la douleur est toujours éprouvée sous les espèces du toucher. Porte fermée, fenêtres closes, rien d'autre ne compte que cette mêlée intérieure.

Rien à voir avec la sensation que nous éprouvons lorsque nous nous émerveillons des belles couleurs du ciel, lorsque nous prêtons l'oreille aux bruits familiers de la rue, lorsque nous savourons avec une patience méticuleuse les nuances de goût enveloppées dans un vin généreux. L'introversion de la douleur laisse alors place à une extraversion pleine de curiosité, à l'envie de découvrir, de savourer. Le sens qui manifeste le mieux ce plaisir et qui lui sert pour ainsi dire de modèle est alors la vision. Nos yeux sont les organes de notre curiosité : ils explorent avec gourmandise tout ce qui se donne à voir. Même l'aveugle « regarde » d'une certaine façon, dès qu'il explore ce qui l'entoure avec les sens que la nature lui a laissés. Il y a une façon d'entendre qui ressemble à une scrutation, et même une façon de toucher qui est comme un regard porté à bout de doigts. Si le toucher est le modèle de la douleur, la vision est celui du plaisir.

Ce plaisir ressemble du reste beaucoup au plaisir de la connaissance : impatience de découvrir des choses neuves, envie de tout saisir jusque dans les moindres détails, recherche d'un ordre et d'une cohérence cachés, joie d'explorer…

Ne pas confondre sensibilité et simple passivité

S'il en va ainsi, si nos sens sont autant de manières de connaître, alors nous ne pouvons les réduire à de simples instruments passifs. Certes, nos organes récepteurs ont besoin d'un objet qui se donne à eux : nous ne pouvons rien voir s'il n'y a rien à voir. Mais voir n'est pas seulement recevoir l'empreinte d'un objet, comme si nous étions de la cire ou de la pâte à modeler. Voir, c'est agir. Sentir, c'est agir. Plus précisément, la sensation est l'acte conjoint du sentant et du senti. L'objet entraperçu donne à notre vue l'occasion de s'exercer, comme un son insolite met notre oreille en éveil.

Nous agissons dès que nous plissons les yeux pour apercevoir mieux, dès que nous tendons l'oreille ou que nous humons l'odeur compliquée d'un parfum. Nous agissons toujours, mais plus ou moins bien selon les cas. Parfois, effectivement, notre sensation ressemble à un pur état de passivité. Nous gardons les yeux immobiles devant un tableau, au lieu de vagabonder sur la toile à la recherche d'une pâture. Nous nous contentons d'« imprimer » des sons sans y faire attention. Nous abandonnons notre corps aux touchers involontaires des entassements ferroviaires. Mais nous agissons mieux chaque fois que nous prenons la peine de nous concentrer sur ce que nous sentons.

Il est rare, par exemple, que nous prenions toute la mesure de notre corps, faute de sentir avec toute sa surface. Puisque le toucher est le garant de notre survie[1], la sensibilité tactile est naturellement localisée autour de zones qui remplissent une fonction vitale élémentaire : le sexe, les mains, la bouche. Si bien que le corps que nous sentons n'a pas du tout les proportions que nous lui voyons. C'est un corps difforme, investi localement sur des îlots de sensibilité. S'approprier son corps revient donc à essayer d'investir ces larges portions de chair laissées à l'abandon, afin d'en faire aussi des organes sensoriels.

C'est ce qui se produit durant un massage. Le corps tout entier est rendu actif, éveillé par ce contact. D'être ainsi touché, le corps apprend à sentir. La sexualité laisse alors place à une sensualité débordante qui investit chaque portion de peau. Tout le corps est sollicité, tout le corps devient actif, formant un vaste organe du toucher, sensible à des variations infimes. Le plaisir que nous en retirons, du fait même qu'il est plus diffus, n'a pas du tout la même qualité.

> « Les plaisirs les plus gracieux que puisse procurer le toucher n'ont rien à voir avec cela [le plaisir localisé], ceux que donnent, par exemple, dans les exercices du gymnase, une friction ou le réchauffement. Car ce n'est pas la sensibilité de tout le corps qui est en jeu avec l'intempérant, mais celle de certaines de ses parties. » (E.N., III, 1118 b 5-6)

---

1. *Cf.* Partie I, « Accros au plaisir ».

Éduquer sa sensibilité au plaisir

La sensibilité peut être éduquée. Nous pouvons apprendre à sentir exactement de la même manière que nous avons appris à marcher ou à lire. Tous nos actes sont amendables, l'action de sentir ne fait donc pas exception à la règle. Avec un peu de pratique, nous pouvons arriver à regarder vraiment là où nous nous contentions de voir, à écouter là où nous entendions, à savourer là où nous avalions. Cet apprentissage du « sentir » est en même temps une véritable éducation au plaisir.

> « Que chaque sens, pour sa part, donne lieu à un plaisir, c'est évident, puisque nous soutenons qu'il y a des visions et des sons agréables ; et c'est encore évident que le plaisir apparaît surtout lorsque le sens est à son mieux. Or quand ces conditions sont remplies à la fois dans l'objet sensible et dans le sujet sentant, il doit toujours y avoir plaisir, du moins lorsque sont en présence l'objet qui doit produire la sensation et le sujet qui doit être affecté par lui. » (E.N., X, 1174 b 27-31)

Nous ne goûtons plus jamais le vin de la même manière une fois que nous avons formé notre nez et notre langue à la richesse infinie des cépages. La sensibilité que nous avons acquise à force de dégustations fait éclore un monde de plaisirs délicats que nous ne suspections pas. Dès que nous apprenons à percevoir mieux, nous devenons aussi plus exigeants, et nous ne pouvons plus nous contenter de n'importe quoi.

Les objets les plus raffinés sont en effet ceux qui conviennent le mieux à une sensibilité exercée. Plaisirs délicats entre tous, ils sont plus subtils parce que plus riches, plus complexes, mais certainement pas moins puissants. Si la sensation est l'acte conjoint du sentant et du senti, il en résulte que la force d'une sensation dépend tout autant de l'objet qui nous touche que de notre aptitude à être touché par lui. Un objet fruste ne plaira donc pas davantage à une sensibilité grossière qu'un objet délicat à une sensibilité affûtée. Le bouquet d'un parfum, chez une femme qu'on aime, est une merveille de complication. Pour un nez ordinaire, tout s'emmêle, et le plaisir serait le même s'il avait affaire à une vulgaire eau de toilette. Mais pour l'amateur, le plaisir est d'autant plus grand qu'il en sent les nuances. Nous pouvons être émus aux larmes devant un sourire de guingois, ou nous enthousiasmer pour de tout petits riens. Les émotions les plus vives sont quelquefois dues à des détails que nous avons su percevoir et qui sont passés inaperçus aux yeux des autres.

À l'inverse, le connaisseur restera insensible à des stimulations trop grossières qui ne recèlent aucune richesse enfouie. Pour un cinéphile, certains films deviennent impossibles à regarder parce qu'il les juge mauvais, contrefaits, cachant une médiocrité trop manifeste sous une surenchère de spectaculaire : art pompier, ficelles trop grosses…

Se former aux pratiques artistiques

La sensibilité à laquelle on doit tendre est donc en somme une sensibilité d'esthète. Rien d'étonnant, dans ces conditions, à ce que la fréquentation assidue des arts apparaisse aux yeux d'Aristote comme le moyen le plus efficace de se former. Quoi de mieux que la pratique du dessin si nous voulons apprendre à nous rendre sensibles à tous ces profils, ces lignes, ces formes et ces couleurs qui nous environnent continûment ? Quoi de mieux pour voir le monde, pour s'y rendre vraiment attentif, pour que l'œil ne glisse plus comme un passant trop pressé sur des objets qu'il a identifiés ?

Celui qui lit beaucoup voit pareillement défiler devant ses yeux plus de situations qu'il ne pourra jamais en vivre. Il capitalise ainsi un répertoire de scènes, utile pour longtemps, qui le prémunira contre la tentation d'appauvrir – par des jugements expéditifs – la complexité inépuisable des relations humaines. La littérature ne donne aucune expérience ; il serait dangereux de croire pouvoir y trouver un remède à l'immaturité. Elle ne compense aucune des expériences que nous n'avons pas faites, mais elle nous rend bien plus sensibles à toutes celles que nous avons déjà eues, ainsi qu'à celles que nous ferons plus tard.

La meilleure façon d'apprendre à regarder, c'est encore d'exercer l'œil au moyen de la main. C'est en dessinant soi-même, et non pas en se contentant de contempler, qu'on apprend en effet au regard à se rendre actif. Dans toutes les formes d'art, celui qui est le plus apte à mesurer la qualité d'une œuvre est aussi celui qui en a quelque connaissance pratique. Pour être en mesure d'apprécier, il faut faire. Écrire non pour devenir écrivain, mais pour mieux éprouver l'équilibre provisoire des mots. Jouer d'un instrument non pour devenir musicien, mais pour éduquer l'oreille à l'harmonie des sons. Danser non pour devenir danseur, mais pour voir le corps autrement.

> « Puisque pour porter un jugement sur tel ou tel genre d'activité il faut y être versé soi-même, pour cette raison les enfants, tant qu'ils sont jeunes, doivent pratiquer eux-mêmes les activités en question, quitte à y renoncer une fois devenus plus âgés ; ils doivent être capables de juger ce qui est beau et d'y trouver un plaisir de bon aloi, grâce à l'étude à laquelle ils se sont livrés dans leur jeunesse. » (*La Politique*, VIII, 6, 1340 b 35-36)

Dans cette entreprise de sensibilisation, Aristote accorde une place particulière à la musique. C'est que la musique jouit en effet d'un privilège remarquable. Toutes les œuvres d'art suscitent une émotion au moyen d'une représentation sensible. Elles produisent une émotion comme l'effet d'un spectacle qui se donne à voir. La musique, elle, *est* directement cette émotion. Elle ne crée pas l'émotion, mais elle en mime les mouvements intérieurs, si bien que vous êtes triste en écoutant une musique triste, sans que rien ne soit venu susciter cette tristesse. Un accompagnement musical de violons qui sanglo-tent suffit ainsi à rendre bouleversante une scène à laquelle vous seriez resté insensible autrement. C'est ce qui fait de la musique un puissant allié, car elle peut assister de sa présence les efforts d'une sensibilité qui peine encore à s'émouvoir.

> « Ces objets [les objets sensibles autres que ceux de l'ouïe] n'imitent pas les sentiments moraux eux-mêmes, mais les formes et les couleurs créées par l'artiste sont plutôt des signes de ces états moraux, signes qui sont l'expression corporelle des émotions. [...] En revanche, les mélodies renferment en elles-mêmes des imitations des idées morales (c'est là un fait évident, car, dès l'origine, les modes musicaux diffèrent essentiellement l'un de l'autre, de sorte que les auditeurs en sont affectés différemment et ne sont pas dans les mêmes sentiments à l'égard de chacun d'eux). » (*La Politique*, VIII, 5, 1340 a 35-40)

Philo-action

1. La prochaine fois que vous irez au musée, essayez de ne pas faire comme ceux qui passent d'une toile à l'autre en y jetant un simple coup d'œil. Arrêtez-vous devant un tableau et passez du temps à le contempler. Au début, vous vous ennuierez probablement et vous vous sentirez idiot à demeurer ainsi immobile au milieu du mouvement général. Obstinez-vous quand même, restez où vous êtes. Au bout de quelques minutes, vous éprouverez la curieuse impression de ne plus regarder le tableau, mais de regarder dedans, comme si une coque s'ouvrait brusquement, vous donnant accès à un monde de couleurs et de détails subtils. Tentez l'expérience, elle en vaut vraiment la peine !

2. Lorsque vous buvez un verre d'eau, essayez de le déguster à la manière des amateurs de vin. N'avalez pas tout de suite, faites circuler l'eau dans votre bouche et ouvrez très légèrement les lèvres pour aspirer un peu d'air. Ensuite seulement, avalez votre gorgée en vous concentrant sur les nuances de goût que vous identifiez. Vous découvrirez probablement que l'eau aussi a une saveur.

3. Quand vous partez en promenade, prenez l'habitude de vous munir de votre appareil photo, non pour accumuler des souvenirs, mais pour exercer votre regard. Votre façon de voir les choses et les gens ne sera pas la même si vous vous demandez sous quel jour et sous quel angle ils seraient susceptibles d'être le mieux photographiés. Une belle lumière peut d'un seul coup vous paraître un pur enchantement, de même que le reflet d'une passante dans une vitre sale.

4. Installez-vous dans la plus parfaite obscurité pour écouter de la musique. Faites taire votre regard pour laisser toute la place à votre oreille. C'est incroyable de voir alors à quel point nous devenons sensibles à tout ce que nous entendons. Une porte qui s'ouvre devient soudain une véritable agression d'une violence intolérable.

5. Apprenez à protéger votre sensibilité de tout ce qui menace de l'émousser. Nos sens sont de délicats oscillographes. Si le bruit des motos qui pétaradent sous vos fenêtres vous insupporte, ne prenez pas l'habitude de faire régner le bruit chez vous. Un poste de télévision qui crie dans le salon, une disposition à parler trop fort, une tendance à écouter de la musique à tue-tête sont autant de facteurs qui énervent la sensibilité. Soit ils rendent sensible à l'excès, soit ils finissent par rendre complètement insensible.

L'habileté, une intelligence pratique

Savoir regarder attentivement est important, mais ne suffit pas. Il faut aussi faire preuve de discernement, ne pas laisser son esprit vagabonder alors que l'on a besoin de raisonner. C'est que nos actions ne vont jamais de soi, elles comportent toujours une part d'indétermination qui exige de nous une grande habileté. Ni la maîtrise technique ni même l'expérience ne nous dispensent de faire montre de cette aptitude à ajuster nos décisions aux circonstances toujours variables.

Se méfier des méthodes et techniques

Nos incuries ne viennent pas toujours d'un manque de résolution, mais le plus souvent d'un choix inapproprié de moyens qui fait achopper nos meilleures intentions. Nous désirons aller quelque part, mais nous ignorons quel chemin emprunter. Comment l'étudiant qui souhaite réussir ses examens doit-il organiser son travail ? Comment l'homme qui veut conquérir le cœur d'une femme peut-il s'y prendre ? Quelle stratégie l'entrepreneur qui cherche à vendre ses produits doit-il adopter ? Nous n'en finissons pas d'interroger les moyens, de chercher les meilleures voies pour obtenir le meilleur résultat. En matière d'action, savoir comment s'y prendre est toujours une gageure, car la route que nous désirons courte et sans accident peut se transformer en véritable dédale… ou même en cul-de-sac.

Dans les actions que nous menons, la détermination des moyens à mettre en œuvre occupe donc une place essentielle.

La tentation est grande alors de s'en remettre à des techniques, dont le rôle est de nous guider dans notre pratique : méthodes de travail, techniques médicales, méthodes de gestion, techniques de vente, recettes de cuisine… et même techniques pour apprendre à respirer, à séduire, à avoir une vie sexuelle épanouie, à boire le vin en amateur, à nouer une cravate, à jouer aux échecs… Il existe, en somme, une technique pour tout ! Aujourd'hui, plus que jamais, nous sommes très friands de ces petits « guides d'usage » qui fleurissent en librairie. Ils offrent l'avantageux privilège d'une action réglée comme du papier à musique et garantissent la sécurité d'une prescription. En nous permettant d'être seulement les acteurs irréprochables de nos actions, ils nous délivrent du poids accablant d'en être les auteurs.

Il n'est pas sûr cependant que l'utilisation de toutes ces techniques et méthodes soit suffisante. Qu'est-ce en effet qu'une technique ? Un ensemble de règles qui prescrivent *comment* faire ce que nous voulons faire. Mais ce *comment* est toujours présenté sous la forme d'un énoncé général. Les techniques proposées nous pourvoient en leçons générales, alors que la décision que nous avons à prendre ou l'action que nous avons à entreprendre porte exclusivement sur le particulier.

> « Il faut distinguer, d'une part, l'idée qui exprime le général, et d'autre part, celle qui exprime le particulier. La première dit qu'on doit accomplir tel genre d'action, et la seconde que ceci constitue maintenant ce genre d'action et que moi, j'ai la qualité pour l'accomplir. » (DA, III, 11, 434 a 17-19)

Or savoir comment appliquer une règle générale au cas particulier qui nous occupe ne relève d'aucune technique. Si c'était le cas, il nous faudrait alors une autre règle pour nous expliquer comment et dans quels cas respecter la règle générale. Une autre technique destinée à apprendre l'usage de la technique… et ainsi de suite, à l'infini !

Distinguer l'homme d'action du technicien

Ce n'est donc pas la technique ou le suivi méthodique de règles qui nous rendra capables d'agir. En réalité, c'est tout l'inverse ! La technique n'est profitable qu'à ceux qui disposent déjà de cette capacité à agir qu'Aristote nomme « habileté ». Être habile, c'est faire preuve d'une intelligence pratique qui rend apte à s'adapter aux réalités du terrain. C'est cette habileté qui fait toute la différence, à formation égale, entre un stratège de génie et un général failli. Alexandre le Grand, dont Aristote fut le précepteur, doit ses immenses succès militaires à sa grande capacité d'adaptation. L'art de la guerre est utile à ceux qui sont aptes à s'en servir. Un élève officier peut apprendre la stratégie dans les académies militaires, mais il n'apprendra jamais comment se servir adéquatement de cet art. Et pour cause, cette compétence est une qualité, celle qui fait justement les grands hommes d'action.

On peut être de très bon conseil, remarque Aristote, et être pourtant incapable d'agir correctement. Ainsi, les conseillers du prince font rarement de bons princes.

> « C'est précisément pourquoi certains ignorants sont mieux doués pour l'action que d'autres qui savent, et c'est notamment le cas des gens d'expérience. » (E.N., VI, 1141 b 16)

Les grands politiciens sont des hommes d'action qui savent bien s'entourer. Ils ne sont ni des techniciens ni des technocrates, mais des utilisateurs de la technique. Loin que la technique les dispense d'agir, elle est au contraire un instrument d'autant plus utile qu'ils savent comment s'en servir, ce qui n'est pas toujours le cas du conseiller. Platon, le maître d'Aristote, nourrissait des ambitions politiques. Comme beaucoup d'intellectuels, il supposait que sa compétence et son instruction lui donnaient qualification pour décider des meilleures mesures à prendre. Dans *La République*, ouvrage qu'il consacre à la cité idéale, il n'hésite pas à confier aux philosophes les rênes du pouvoir. Bel hommage à la philosophie, que tout expert compétent s'empresserait de ratifier ! Il n'est pas certain toutefois que la cité gagnerait au change. Le technicien n'est pas le plus compétent pour savoir comment user de sa technique. Il veut que ses préceptes soient appliqués, mais il ignore comment les rendre applicables. De ce point de vue, Aristote est plus modeste. Tout grand philosophe qu'il soit, il ne se prétend pas plus qualifié que Périclès[1] pour décider de la meilleure façon de conduire les affaires athéniennes.

Expérimenter par soi-même

Entre le code que nous maîtrisons et la pratique à laquelle nous nous adonnons, il y a toujours un embarrassant fossé qu'aucune technique ne peut combler. Car estimer précisément la situation particulière dans laquelle on se trouve met en œuvre bien autre chose qu'une faculté générale d'appréciation. C'est une faculté de jugement qui est ici requise, c'est-à-dire une capacité à ajuster l'idée générale (« il faut faire ceci, ou cela ») à la réalité particulière. Voilà la grande qualité de l'homme d'action.

Cette faculté de jugement s'apprend à l'usage, au gré de l'expérience. En effet, si ce qui importe est de s'adapter autant que possible à la réalité, rien ne vaut la fréquentation prolongée du terrain. C'est par l'expérience que l'on se familiarise avec les circonstances particulières, par elle que l'on apprend à coller aux singularités que le savoir peine à embrasser.

Aristote illustre ce point en recourant à un exemple trivial. Imaginez que vous sachiez : a) que les viandes légères sont

---

1. Orateur, stratège militaire et homme d'État, Périclès marqua de son influence la vie athénienne du Ve siècle av. J.-C.

bonnes pour la santé ; b) que la volaille est une viande légère. Ces informations sont-elles suffisantes pour vous permettre d'agir ? En fait, tant que l'expérience ne vous a pas appris à reconnaître une volaille lorsque vous en voyez une, ce savoir ne vous sert à rien. C'est sur les réalités particulières que porte notre action. Seule l'expérience permet de se familiariser avec elles.

Prenons un exemple moins banal : un ouvrage de médecine, aussi complet soit-il, ne suffit pas à former un médecin. L'expérience de cas pratiques, qui permet d'apprendre à reconnaître concrètement des maladies dont on maîtrise théoriquement l'étiologie, est le complément indispensable à toute formation médicale. Les autodidactes sont parfois atteints de ce défaut : armés d'une impressionnante connaissance livresque acquise en autonomie, mais dépourvus de toute expérience concrète, ils se jugent plus qualifiés qu'ils ne le sont vraiment. C'est qu'ils mesurent leur compétence à leur qualification. Là-dessus, ils rendraient des points à n'importe qui. Mais faute de savoir comment appliquer concrètement la technique aux cas singuliers, c'est tout comme s'ils ne savaient rien.

Faire place à l'action quand l'expérience ne suffit plus

Cela dit, l'expérience n'est pas la panacée. Elle permet de connaître la réalité particulière et de la ranger sous une rubrique générale. À force de cuisiner, nous finissons par exemple par apprécier instinctivement les doses prescrites dans nos livres de recettes. Nous savons à quelle quantité de beurre correspondent quinze grammes, ou ce que représentent à l'œil nu soixante-quinze centilitres de lait. Mais l'expérience ne peut nous aider que dans les situations où les événements sont suffisamment répétitifs et réguliers pour autoriser une généralisation. Lorsque ce n'est pas le cas, l'expérience ne sert plus à grand-chose. Par exemple, nos enfants ne se ressemblent pas. Chacun a sa personnalité propre, sa manière particulière de réagir. Si bien qu'en ce domaine, les répétitions se font rares, et chaque nouvelle naissance est pour les parents un tout nouveau baptême.

Les règles auxquelles nous soumettons notre action gardent leur utilité dans un contexte où les choses se passent « toujours » de la manière ou, du moins, « souvent ». Si ces règles n'ont pas toutes la même efficacité, c'est parce que le domaine qu'elles régissent ne comporte pas toujours la même part d'aléatoire. La technique médicale est sans doute plus rigoureuse que la technique de séduction, la technique de lecture plus rigide que la technique d'écriture, la technique d'artisan plus serviable que la technique d'artiste. Certaines activités comportent tellement d'indétermination qu'il est rigoureusement impossible d'édicter une règle que quiconque ne serait pas tenté aussitôt de renier.

> « Les connaissances rigoureuses et qui se suffisent à elles-mêmes ne laissent pas de place à la délibération : par exemple, il n'y a pas à délibérer de l'orthographe, car le sachant nous n'hésitons pas sur la manière dont il faut écrire les mots. Mais ce qu'on peut faire par nous-mêmes peut ne pas se faire toujours de la même façon ; et c'est tout cela qui est objet de nos délibérations : par exemple, les affaires de médecine ou de finance. Et les affaires de pilotage appellent plus de délibérations que les exercices de gymnastique dans la mesure où les connaissances y sont moins rigoureuses. Et dans les autres cas, c'est pareil. D'ailleurs, s'il y a délibération plutôt dans les domaines techniques que dans les domaines scientifiques, c'est que nous avons plus d'hésitation dans ces domaines. D'autre part, délibérer implique des choses qui se produisent le plus souvent mais dont on ne voit pas comment on va arriver à leur résultat, c'est-à-dire des choses qui comportent de l'indéterminé. » (E.N., III, 1112 b 1-9)

Là donc où la technique se révèle impuissante, il faut délibérer. Et nous délibérons d'autant plus que nous ne savons pas exactement ce qu'il faudrait faire. En somme, nous sommes amenés à faire attention à ce que nous faisons, à faire montre de vigilance. Quand nos actions ne vont pas de soi, il faut y mettre un peu plus que le protocole. Bref, il faut agir vraiment, puisque la marque de l'action, c'est justement la délibération. Quand la technique s'avoue vaincue, place à l'action !

Avoir conscience de ce qui est possible ici et maintenant

Faire preuve d'habileté suppose d'avoir un certain sens des réalités. Les situations dans lesquelles nous nous trouvons nous obligent à différer sans cesse la stricte application de nos préceptes et nous contraignent à nous ajuster à ce qui est faisable pratiquement « ici et maintenant ». Les conditions dans lesquelles nous sommes sont parfois très défavorables au projet que nous poursuivons. Nous devons composer avec elles, faute de mieux.

> « Nous délibérons sur les choses qui sont à notre portée et qui sont exécutables. » (E.N. III, 1112 a 30)

Il n'y a pas de délibération sur ce qui est hors de portée, inaccessible. Se contenter de prescrire certaines actions, ou certains moyens, sans prendre en considération ce qu'il est possible de faire dans les circonstances présentes, c'est se bercer de vœux pieux. Il est très facile de donner des conseils à ceux qui se trouvent engagés dans la mêlée, en leur répétant ce qu'il faut faire, ou comment il faudrait le faire. Mais ces conseils sentencieux agacent, et à juste titre. Ce qu'il *faut* faire est une chose ; ce qu'on *peut* faire en est une autre. Arriver à concilier les deux exige beaucoup d'habileté, une finesse, un doigté. Il ne coûte rien de rêver d'un monde idéal, mais un souhait, justement, n'a pas valeur de décision.

> « L'on ne décide pas les choses impossibles et, à le prétendre, on passerait pour un idiot, alors qu'on peut souhaiter des choses impossibles, par exemple l'immortalité. De plus, l'on peut aussi exprimer un souhait quand il s'agit de choses pour l'exécution desquelles l'on ne peut être d'aucune ressource, par exemple la victoire d'un certain acteur ou d'un athlète... » (E.N., III, 1111 b 20-25., p. 140)

L'habileté requiert donc autre chose que de l'expérience : elle est une faculté d'attention aux singularités du présent. Elle est une vigilance à ce qui est possible dans un « ici » toujours unique autant que dans un « maintenant » toujours singulier.

> « La rectitude, qui se veut utile, permet d'atteindre (a) le but qu'il faut, (b) par le moyen qu'il faut et (c) dans le temps qu'il faut. » (E.N., VI, 1142 b 28)

Bien des décisions que nous avons à prendre le sont dans l'urgence. Les meilleures décisions ne sont pas toujours les meilleures dans l'absolu. En disposant de plus de temps, nous aurions sans doute mieux délibéré et nous aurions pris un autre parti que celui auquel nous nous sommes finalement résolus. Rétrospectivement, il est facile de regretter. Mais quand la situation exige que la décision ne se fasse pas attendre, le meilleur choix consiste à ne pas trop s'égarer dans de scrupuleux atermoiements. S'il faut agir, attendre d'être sûr n'est pas la meilleure option. Nous risquons de laisser passer le moment opportun et de voir notre chance d'agir s'échapper. L'action a son *tempo*, qui n'est pas toujours celui qui conviendrait à une délibération parfaitement mûrie. Accepter cette incertitude, prendre le risque de se tromper, c'est aussi cela « agir ».

Accepter de vivre dans un monde d'incertitudes

Nos actions comportent toujours une marge incompressible d'incertitude. Nous ne pouvons pas savoir, au moment où nous agissons, si la décision que nous prenons est la bonne.

> « Si se mettre en colère est à la portée de tout le monde et chose facile, comme de donner de l'argent et en dépenser, en revanche, le faire en faveur de la personne qu'il faut, dans la mesure, au moment, dans le but et de la manière qu'il faut, ce n'est plus à la portée de tout le monde ni chose facile. Voilà précisément pourquoi le bien est chose rare, louable et belle. » (E.N., II, 1109 a 28-30)

Raison de plus pour apprendre à se mouvoir dans cette incertitude, pour s'entraîner à l'improvisation. Développer des facultés de vigilance, apprendre à être plus réactif, à mieux s'adapter aux situations évanescentes… n'a rien d'impossible. Certaines personnes montrent pour cela une grande aptitude, qui ont su développer avec le temps une souplesse de torcol. Tout est une question d'entraînement !

Mais il faut avant tout renoncer à la tentation de tout prévoir, à l'ambition déraisonnable de transformer toutes ses décisions en des problèmes techniques appelant des solutions techniques. Mieux vaut accepter d'habiter un monde incertain, et qui le restera, plutôt que de vouloir le rendre toujours plus prévisible. Ceux qui se prêtent à cette illusion se préparent tôt ou tard de violents retours de bâton. Aucun homme n'est assuré *ad vitam* de sa situation, aucune famille n'est à l'abri d'événements imprévus qui ne devaient pas se produire et qui se produisent quand même, aucun investissement ne garantit un retour, aucun immeuble n'est assuré de résister toujours à une catastrophe naturelle. Il y a des aléas que nous ne pouvons ignorer et avec lesquels nous devons apprendre à composer.

À bien considérer les choses, cette incertitude est aussi notre chance. Elle garantit que le monde reste ouvert, riche en possibilités inexplorées. Nous ne sommes jamais assurés de bien agir, mais nous ne sommes jamais assurés non plus de l'avenir. Ainsi, de mauvaises décisions produisent parfois de remarquables effets ; des idioties deviennent notre chance ; des erreurs finissent par être utiles. Qui sait ? L'avenir n'est pas écrit. Nous ne pouvons dire de quoi demain sera fait. Tant mieux, car cela offre encore la possibilité d'agir.

> « L'expérience nous montre, en effet, que les choses futures ont leur principe dans la délibération et dans l'action, et que, d'une manière générale, les choses qui n'existent pas toujours en acte renferment la puissance d'être ou de n'être pas, indifféremment ; ces choses-là peuvent aussi bien être que ne pas être, et par suite arriver ou ne pas arriver. Nous avons sous les yeux de nombreux cas de ce genre. Par exemple, le vêtement que voici peut être coupé en deux, et pourtant en fait ne l'être pas, mais s'user auparavant. [...] Aussi en est-il de même pour tout autre événement auquel on attribue une possibilité de ce genre. » (*De l'interprétation*, 19 a 8-13)

Philo-action

1. La vie ordinaire offre mille occasions de prendre des décisions. Quel formidable terrain d'entraînement ! Beaucoup des choix que nous avons à faire au long d'une journée sont heureusement sans grande conséquence sur la conduite de notre existence : si vous avez acheté une marque de gâteaux secs que vos enfants désavouent, vous en serez quitte pour les manger vous-même. Rien de dramatique. Cependant, prenez l'habitude d'exercer votre vigilance sur ces petites circonstances, vous vous préparerez d'autant mieux aux grands événements. Commencez par vous imposer de ne pas toujours agir à la légère, même si la situation s'y prête. Aller faire ses courses ou échanger des banalités est chose commune qui ne requiert aucune attention particulière.

Saisissez donc l'occasion, régulièrement, de faire comme si ces situations étaient brusquement devenues importantes à vos yeux.

2. Entraînez-vous aussi à faire preuve de résolution. Dans de nombreuses situations tout à fait triviales, nous sommes victimes de notre indécision. Nous souhaitons aller dîner dehors, mais incapables de choisir un restaurant, nous finissons par rentrer chez nous après avoir déambulé un long moment dans les rues éclairées. À force de vouloir prendre la meilleure décision, nous n'en prenons aucune. Ou alors, nous en prenons une, mais sans conviction, tout disposés à regretter notre choix à la moindre contrariété. Il n'y a pas de meilleure façon de gâcher une soirée qui s'annonçait prometteuse.

Dites-vous au contraire qu'il est tout à fait normal de décider sans certitude ; c'est le lot commun de toute décision. Mais lorsque vous avez pris une décision, l'hésitation ne doit en revanche plus être de mise. Votre manque de résolution risque de compromettre un choix qui aurait pu être bon, si vous l'aviez appuyé correctement. Vous pouvez décider sans être convaincu, mais agissez ensuite comme si vous l'étiez.

3. Il est aussi important de s'entraîner à prendre des décisions dans le temps opportun. Essayez par exemple, pendant quelques jours, de faire preuve de délicatesse. Être déplacé, c'est toujours agir ou parler à contretemps. Les plaisanteries les plus drôles peuvent produire un effet calamiteux si elles tombent au mauvais moment. Les plus gentilles intentions peuvent être mal accueillies si elles ne sont pas opportunes. L'instant est tout.

Un homme qui fait sa demande en mariage choisit scrupuleusement son moment. Vous-même, choisissez le moment qui vous semble le plus opportun pour dire aux autres ce que vous avez envie de leur dire.

La raison, un garde-fou

Nous n'agissons pas vraiment lorsque, sous le coup d'une émotion, nous ne décidons pas de ce que nous faisons. Nous approprier nos actions consiste donc aussi à savoir résister aux impulsions violentes qui nous gouvernent. Cette exigence ne relève pas d'une force de caractère, mais d'une capacité à affermir notre pensée.

Quand la passion nous emporte

Il nous arrive très souvent d'agir impulsivement sous le coup d'une violente émotion. Au beau milieu d'une tempête, des marins pris de panique jettent leur cargaison par-dessus bord. Sous l'emprise de la colère, un homme se laisse aller à la violence : « Arrêtez-moi ou je fais un malheur ! » Hors d'elle, une femme jalouse fait souffrir la personne qu'elle aime le plus au monde… La liste est longue de tous ces gestes que nous regrettons, une fois passé l'emportement. Rendus à nous-mêmes, nous mesurons à quel point nous avons agi sottement, sans savoir vraiment ce que nous faisions, aveuglés que nous étions par une émotion trop brutale.

Du reste, nous n'avons guère le sentiment d'agir dans ces situations. Nous nous sentons plutôt engagés malgré nous, premières victimes d'un emportement qui nous transforme en bourreaux involontaires. Il est vrai que, devant un tribunal, cette circonstance a de la valeur. La loi punit moins sévère-ment le crime passionnel que le crime commis de sang-froid.

Les actes précipités commis durant des accès de colère sont plus facilement pardonnés que les offenses calculées.

> « Chacun [...] peut se rendre compte que lorsqu'on commet une vilaine action, on est plus mauvais sujet si on le fait froidement sans appétit ou presque que si l'on y est poussé par un violent appétit : par exemple, si l'on frappe sans colère que si l'on donne un coup dans un accès de colère. Car enfin, que ferait en proie à l'affection celui qui frappe sans elle ? » (E.N., VII, 1150 a 28-30)

Ne pas se laisser guider par ses émotions

Pour autant, ces circonstances n'enlèvent rien à notre responsabilité. Si nous avons des regrets, c'est que nous avons conscience malgré tout que rien n'était décidé et que nous gardions par-devers nous la possibilité d'agir autrement. Nous aimerions nous rendre irresponsables en nous présentant comme la proie d'un démon intérieur qui nous mène et nous malmène par le bout du nez : « Ce n'est pas moi, je n'y pouvais rien. Je suis victime, autant que vous ! » Quelle façon bizarre de présenter les choses… Il est pour le moins suspect de se tenir pour la victime d'une pulsion à laquelle on prend ouvertement du plaisir. En général, ce qui nous fait violence est plutôt vécu sous le registre de la contrainte. Si l'on nous pose un pistolet sur la tempe afin de nous persuader poliment de céder notre portefeuille, nous nous exécutons, mais sans grand enthousiasme. En revanche, où est la contrainte lorsque nous nous précipitons de bon gré vers ce qui nous séduit ? Le plaisir de la vengeance, la joie du caprice auquel on cède, la jouissance de faire souffrir… Oubliez la victime, dites bonjour au complice !

> « Si quelqu'un prétend que les choses agréables et les belles choses exercent sur lui une violence, parce qu'elles le contraignent tout en lui étant extérieures, tout sera violence à ses yeux, car c'est en fonction de ces choses que tous, nous agissons toujours ! De plus, ceux qui agissent par violence et contre leur gré le font en peinant,

alors que ceux qui exécutent un acte parce qu'il est agréable et beau le font avec plaisir. Il est donc ridicule de mettre en cause les choses extérieures, mais non sa propre personne, qui se laisse facilement séduire par de tels appâts, ou de se donner pour responsable de ce qu'on fait de beau, mais d'accuser les choses agréables de ce qu'on fait de laid. » (E.N., III, 1110 b 9-16)

Celui qui cède à la tentation n'est guère plus exposé que celui qui y résiste. Imaginons deux fumeurs ayant décidé de se sevrer, soumis exactement aux mêmes conditions. L'un comme l'autre éprouvent l'appel de la nicotine au sortir du repas. L'un comme l'autre souffrent de ne pas allumer leur cigarette lorsque de bons amis « locomotives » leur font la politesse d'exhaler sous leur nez de langoureuses volutes au charme de vahiné. La pulsion qui les étreint est rigoureusement la même. L'un tient, pourtant. L'autre succombe, allumant une dernière cigarette – « c'est promis ! » –, qui n'en finit pas d'être la dernière. Si la contrainte était si forte qu'on le prétend, il serait impossible de s'y soustraire. Or, manifestement, le succès de l'un rend ridicules les excuses de l'autre. Aucune fatalité ne nous condamne à demeurer la proie des impulsions qui nous traversent.

Un pervers, reconnaît Aristote, n'est pas responsable de sa perversion. Les pulsions qui l'animent ne sont pas de son fait. À tout prendre, mieux vaut être un pervers qu'un vicieux. Le second est moralement condamnable, le premier simplement malade. Mais même dans ce cas, rien n'oblige le pervers à céder à sa tentation. S'il n'est pas responsable de ses penchants, il demeure pourtant responsable d'y céder.

« Parmi les insensés, il en est que la nature a privé du raisonnement et qui vivent uniquement au gré de leurs sens : leur état tient de la bête, comme certaines races de lointains barbares ; mais il y a des gens qui en arrivent là par suite de maladies telles que [...] les accès de folie : leur état est alors morbide. D'ailleurs, il est possible parfois d'être seulement affligé d'un de ces états, sans être dominé par lui ;

je pense, par exemple, au cas de Phalaris[1], qui bridait son appétit de manger un petit enfant ou résistait à un plaisir sexuel déplacé. Mais on peut aussi être dominé par son état et pas simplement en être affligé. » (E.N., VII, 1149 a 9-15)

Il y a donc une différence à opérer entre « être affligé » par des émotions violentes et « être dominé » par elles. Nous ne pouvons pas toujours nous empêcher de ressentir ce que nous ressentons, mais nous gardons la possibilité d'empêcher que ces émotions déterminent nos actions.

« S'exciter » à la colère

Si le but est de ne pas se laisser dominer, comment s'y prendre exactement ? S'encourager à faire preuve de plus de caractère est une stratégie très commune : « Sois fort, résiste ! » Nous nous excitons ainsi contre nos propres faiblesses, nous suscitons contre nous-mêmes une généreuse colère. Ce n'est pas si idiot, car la colère est l'alliée du caractère. Ne dit-on pas souvent des gens de caractère qu'ils ont aussi un « caractère de cochon » ? Parmi toutes les affections qui sont susceptibles de nous étreindre, la colère a donc un statut à part.

Appétit, crainte, envie, joie, amour, haine, tristesse, jalousie, pitié… ont en commun d'être des réactions affectives en face de ce qui suscite plaisir ou peine. Nos appétits sont gouvernés par la recherche de ce qui est plaisant, nos craintes sont suscitées par ce qui représente une source potentielle de douleur, notre joie vient du privilège de posséder ce qui fait plaisir, l'amour est l'attachement que nous éprouvons pour ce qui nous plaît, notre jalousie est une crispation de douleur… Bref, le petit monde turbulent de nos affections est gouverné par le plaisir et la peine.

---

1. Phalaris, tyran d'Agrigente (570-554 avant J.-C.), est connu pour l'extrême cruauté avec laquelle il s'empara du pouvoir.

Seule la colère échappe à cette condition. Le comportement d'un proche peut nous faire de la peine, sans nous conduire pour autant à éprouver de la colère contre lui. Nous ressentons d'abord de la tristesse. Pour qu'il y ait colère, il faut bien autre chose que le sentiment de peine. La colère n'éclate que devant le sentiment d'une offense. Nous sortons de nos gonds lorsqu'un comportement nous semble propre à nous faire du tort, lorsque nous prêtons à l'autre l'intention de nous nuire. C'est cette intention maligne que le petit enfant prête à la table à laquelle il s'est cogné lorsqu'il lui crie : « Méchante table ! » Peu importe, du reste, que ce qui nous affecte soit plaisant ou franchement douloureux. Nous ne nous mettons pas en colère contre notre dentiste, même si une dent arrachée n'est jamais une partie de plaisir – sauf si, l'espace d'un instant, nous avons l'impression qu'il l'a fait exprès ou n'a pas été vigilant.

Certaines fois, nous pouvons nous mettre en colère contre nous-mêmes au point de nous frapper la tête contre les murs, lorsque la complaisance dont nous faisons preuve en face de certains appétits nous conduit à supposer que nous sommes décidément notre pire ennemi. On comprend alors pourquoi Aristote suggère que la colère « obéit à la raison », alors que l'appétit y reste sourd. Ce dernier suit la pente naturelle du plaisir. Si ce plaisir est pervers, tant pis, l'appétit appète quand même en dépit de nous. La colère, elle, suit au moins la voie d'une volonté raisonnable d'éviter ce qui est nuisible pour nous par-delà ce qui est simplement pénible.

> « L'ardeur[1] en effet a l'air d'entendre un peu la raison, mais de travers, comme les serviteurs pressés qui, avant d'avoir entendu tout ce qu'on leur dit, sortent au pas de course puis exécutent fautivement

---

1. Aristote entend l'ardeur comme la disposition à s'emporter sous le coup de la colère.

ce qu'on leur prescrit, ou comme les chiens qui, avant de voir s'ils n'ont pas affaire à un ami, se mettent à aboyer au seul bruit perceptible. De la même façon, l'ardeur, que l'on doit à la chaleur et à la vivacité de sa nature, entend bel et bien une voix, mais n'entend pas un commandement et se précipite pour tirer vengeance. La raison en effet ou la représentation ont-elles fait voir qu'il y avait outrage ou dédain, l'ardeur de son côté, comme si elle en avait inféré qu'il faut partir en guerre contre ce genre de choses, prend alors feu sur-le-champ. Avec l'appétit, en revanche, la raison ou la sensation n'ont qu'à dire qu'une chose est agréable pour qu'il se précipite pour en jouir. Par conséquent, l'ardeur obéit à la raison d'une certaine façon, tandis que l'appétit y reste sourd. Celui-ci est donc plus laid que celle-là, puisque l'homme qui ne maîtrise pas son ardeur se trouve vaincu par la raison en quelque sorte, alors que celui qui ne maîtrise pas son appétit se trouve vaincu par lui et non par la raison. » (E.N., VII, 1149 a 26-1149 b 3)

Tant qu'à se laisser entraîner par la passion, mieux vaut donc encourager en soi des aptitudes à la colère. Cela aide à tenir en respect les impulsions de notre appétit, à résister aux attraits du plaisir comme aux accablements de la peine. N'est-ce pas souvent dans la colère que nous trouvons, dans des situations de perdition, l'énergie indispensable pour échapper à la tourmente ? L'homme prompt à s'enflammer est comme Achille, un compétiteur qui puise dans sa rage la force de se faire violence, et qui fait de sa hargne – mâchoire tendue et poings serrés – son remède à la tentation du laisser-aller.

« On rapproche aussi l'ardeur du courage. En effet, semblent être courageux aussi ceux qui, par ardeur, se comportent comme les bêtes sauvages, chargeant les chasseurs qui les ont blessées. La raison en est que les courageux sont aussi du genre ardent. L'ardeur en effet est un facteur qui incite très fort à affronter les dangers. » (E.N., III, 1116 b 25-30)

La colère est donc un moindre mal. Ce n'est toutefois pas un idéal, car la colère est une passion, et en tant que telle, elle conduit à agir impulsivement. Elle est un serviteur de la raison, certes, mais un serviteur empressé qui part au quart de tour sans prendre le temps de réfléchir. Sous le coup de la colère, nous nous comportons comme des enragés avides de mordre. Il y a une ivresse de la colère comme il y a une ivresse de la passion, et ni l'une ni l'autre ne sont recommandables.

Cette métaphore de l'ivresse, Aristote l'utilise souvent pour qualifier l'état d'esprit d'un homme en proie à ses affections. Sous l'emprise d'une émotion, chacun d'entre nous se retrouve dans la position d'un homme ivre qui n'aurait plus l'usage entier de sa raison. Ce qui différencie l'homme capable de résister à ses passions de celui qui en est incapable, c'est son aptitude à demeurer sobre. Dans *Le Banquet*, Platon campait un Socrate qui, après avoir bu toute la nuit avec ses amis, demeurait frais comme un gardon, tandis que les autres roulaient sous la table. Cette remarquable disposition à tenir l'alcool est le signe d'un homme qui sait conserver l'usage de sa raison en toutes circonstances. L'incontinent, celui qui cède à la première ivresse, est l'exact opposé de Socrate. Il ne tient pas l'alcool et perd tous ses moyens au premier petit verre.

> « L'incontinent ressemble en effet à ceux qui s'enivrent rapidement et avec peu de vin, c'est-à-dire moins qu'il n'en faut au grand nombre. » (E.N., VII, 1151 a 5)

Déceler les justifications douteuses

Ce qui vacille en effet lorsque nous cédons à nos impulsions, ce n'est jamais notre force de caractère, puisque celle-ci est elle-même une tendance impulsive, mais notre raison. Contrairement à ce que nous pensons, nous ne nous montrons pas faibles, mais ignorants. Nous avons beau savoir qu'il ne faut pas agir ainsi pourtant, au moment où nous nous laissons entraîner, c'est tout comme si cette pensée disparaissait, brutalement emportée. Nous savons, mais sans savoir vraiment.

> « En effet, dans l'état qu'implique le fait d'avoir la science sans en
> faire usage, nous pouvons voir des différences, si bien qu'on peut
> aussi d'une certaine façon avoir la science sans l'avoir, par exemple,
> lorsqu'on dort, que l'on délire ou que l'on est ivre. En fait, c'est la dis-
> position dans laquelle se trouvent les gens qui sont en proie à leurs
> affections. Des élans d'ardeur en effet, des appétits sexuels et cer-
> taines manifestations de ce genre vont visiblement jusqu'à pertur-
> ber le corps. Or chez certains, elles vont aussi jusqu'à produire des
> accès de délire. Il est donc évident qu'on doit dire que les inconti-
> nents sont dans un état semblable à celui de ces gens-là. » (E.N., VII,
> 1147 a 11-18)

Nous savons tous qu'il n'est pas sain de boire trop d'alcool. Seulement, tant que nous n'avons pas été confrontés à la maladie, tant que nous n'avons pas vu de près les ravages d'une cirrhose, nous adhérons mentalement à cette vérité, mais nous n'y souscrivons pas de cœur. Nous n'y pensons pas ou du moins très rarement. Cette connaissance demeure une connaissance *en puissance*, susceptible de s'affirmer en nous seulement si nous choisissons de nous en préoccuper. Elle n'est pas, pour reprendre la jolie expression d'Aristote, « fondue en notre nature ».

Ainsi, sous l'emprise de la passion, l'esprit est facilement détourné de ce qu'il sait. Quand nous cédons à nos impulsions, nous ne nions pas que ce que nous savons (« l'abus d'alcool est dangereux pour la santé »), mais notre esprit est accaparé par une autre pensée (« boire va me faire du bien ») plus présente et donc plus déterminante que la première.

Autrement dit, quand nous cédons à la tentation, nous ne nions pas ce que nous savons, mais nous faisons passer à l'avant-scène une autre pensée. Cette dernière a pour fonction de légitimer à nos propres yeux l'action que nous avons *envie* d'entreprendre : « Oh, après tout, je peux bien me concéder ce plaisir ! » La délibération justifie ainsi l'acte que nous avons envie de faire.

En voilà une curieuse inversion : la conclusion précède la réflexion ! Nous ne délibérons plus afin de savoir ce que nous devrions faire, mais afin de valider ce que nous désirons faire. Notre raison vient seulement apporter sa caution à notre désir. Elle appose sur lui son blanc-seing, l'auréole de sa respectabilité. Notre appétit devenant légitime à nos propres yeux, nous pouvons y céder. En apparence, nous nous montrons raisonnables, puisque sur le moment nous sommes parfaitement capables de justifier notre décision. En réalité, nous sommes loin de l'être, puisque la conclusion de notre délibération a devancé notre délibération !

Pour empêcher que sa raison ne vacille si facilement, que faut-il donc faire ? Il faut affermir le pouvoir de sa pensée, en la maintenant dans une constante activité. Concrètement, cette recommandation renvoie à trois attitudes complémentaires.

Maintenir sa pensée en état de marche

Maintenir sa pensée en état de marche signifie que nous ne devons jamais nous lasser de réfléchir, d'interroger. Est-il concevable de maintenir ainsi son esprit dans une permanente activité ? Remarquons que nous n'avons aucun besoin de bouger ou de nous agiter pour penser. La réflexion n'implique aucun mouvement du corps, ou n'en suppose aucun. Comme elle s'exerce dans un relatif repos, elle peut se prolonger bien plus longtemps qu'un effort physique.

> « C'est [...] l'activité la plus continue, puisque nous sommes capables de penser en continu plus que d'agir continûment d'une quelconque façon. » (E.N., X, 1177 a 21)

Tous ceux qui voient dans l'exercice réflexif une fâcheuse « prise de tête » seront en désaccord avec cette affirmation. Mais ce qui rend pénible pour eux l'effort intellectuel, n'est-ce pas qu'ils y voient seulement une occasion de résoudre des problèmes ? Des problèmes qu'ils n'ont tout simplement pas envie de se poser, parce qu'il est toujours navrant d'avoir des problèmes sur les bras. Encore plus quand ces difficultés, non contents d'en avoir, ils se les sont créées eux-mêmes !

Nous en revenons toujours à la même erreur : nous subordonnons l'action de penser à une fin qui lui demeure extérieure (la résolution de problèmes). Mais si nous consentions un instant à ne voir dans tous ces embarras que des incitations à réfléchir, nul doute que nous donnerions raison à Aristote. Prise comme une fin, comme une occasion de déployer son excellence, l'activité de penser devient une action permanente qui se nourrit de tout ce qu'elle trouve. La moindre chose, la circonstance la plus ordinaire et même la plus désagréable devient ainsi motif à réfléchir. Rien de plus facile que de laisser notre esprit s'empâter dans des ruminations stupides : nous pouvons « faire la vache » et le vivre assez bien. Mais combien plus joyeuse est la résolution de se tourner activement vers cette matière généreuse offerte par la vie, et dont le charme principal est sans doute de nous donner incessamment à penser !

Tourner le dos à l'obstination

Rien n'est plus opposé à cette attitude que la rigidité cadavérique des gens butés. En apparence, de telles personnes semblent être fermes dans leur pensée, parce qu'elles s'y tiennent coûte que coûte. Certes, elles n'ont pas la lâcheté de renoncer à ce qu'elles pensent dès que le vent de l'émotion les fait pâlir. Mais cette constance est plutôt le signe de leur incontinence : si elles ne cèdent rien de leur pensée, ce n'est pas parce qu'elles estiment avoir raison, auquel cas elles sauraient se défendre. En réalité, elles n'ont que faire de ce qu'elles pensent et elles n'ont que faire de penser au mieux. Si elles s'accrochent à leurs idées avec tant d'obstination, traitant la critique comme une offense, c'est parce qu'elles les ont investies d'un puissant intérêt affectif. Il y a une passion obscure à laquelle elles cèdent de tout leur être et qui donne à leur pensée des airs de susceptibilité farouche.

« Il est [...] des gens portés à s'attacher à leur opinion et qu'on appelle obstinés : ce sont les gens difficiles à persuader et qu'il est malaisé de faire changer de conviction. Ils présentent une certaine ressemblance avec le continent [...] mais ce sont des gens différents à plusieurs égards. Le continent est en effet celui que, seuls, l'affection et l'appétit ne font pas changer, car il est notoire qu'on peut facilement le convaincre à l'occasion, tandis que les autres, c'est à la raison qu'ils sont incapables de se rendre car, pour ce qui est des appétits, il est notoire qu'ils y sont ouverts et beaucoup se laissent guider par leurs plaisirs. Parmi les obstinés du reste, il y a les gens bornés, les incultes et les rustres. Or les gens bornés sont travaillés par le plaisir et le chagrin. Leur joie, c'est en effet de triompher d'un interlocuteur qui ne réussit pas à les faire changer d'avis ; et leur chagrin, c'est de ne pas voir leurs propres avis ratifiés comme des décrets. Par conséquent, ils ont l'allure de l'incontinent plutôt que du continent. » (E.N., VII, 1151 b 5-16)

Penser en agissant

S'imposer de penser ne signifie pas non plus qu'il faudrait se contenter d'agir en pensée. Déconnectée de nos actions, la pensée demeure purement théorique. Elle est science, savoir, sagesse ou tout ce que l'on voudra, mais rien qui soit en prise directe avec notre existence. À ce niveau, nous pouvons penser très bien et même très loin, sans rien changer à notre manière de conduire notre vie. Dans ce cas, nous pensons et nous agissons, au lieu de *penser en agissant*.

Ce que nous reprochons aux individus impulsifs, ce n'est pas d'être incapables de penser, c'est de ne pas penser à ce qu'ils font. Ils agissent précipitamment, c'est-à-dire sans prendre le temps de la réflexion. Ils ne le font pas par bêtise, mais parce que l'émotion les empêche de penser. En un sens, quand l'émotion surgit, il est déjà trop tard pour tenter quoi que ce soit. Notre seule chance est donc d'intervenir en amont. Le temps de la réflexion doit précéder celui de l'émotion, car lorsque celle-ci éclate, elle occupe tout le terrain. Dès que nous sommes en colère, il est difficile de résister au bouillonnement du sang. Mais la colère est précédée de signes annonciateurs que nous pouvons apprendre à déchiffrer. Penser en agissant, c'est donc d'abord penser avant d'agir.

> « Il y a en effet des gens qui ne sont pas sensibles au chatouillement parce qu'ils l'ont anticipé. Exactement de la même façon, parce qu'ils ont pressenti et prévu l'affection, qu'ils se sont mis préalablement en alerte et ont placé leur raisonnement en éveil, ils ne se laissent pas vaincre par l'affection, qu'elle soit agréable ou pénible. » (E.N., VII, 1150 b 23-25)

L'habitude aidant, il devient de plus en plus aisé de penser en agissant. Au lieu de précéder l'action, la pensée finit par la rejoindre, par l'habiter de sa mélodie. Au début, nous faisons effort de penser avant d'agir. Puis, petit à petit, nos dispositions affectives prennent le pli. Elles deviennent plus tolérantes aux efforts de la raison, elles l'assistent au lieu de la contrarier... C'est ce qui fait la grande qualité de l'homme prudent.

Philo-action

1. La prochaine fois que vous aurez à agir, laissez-vous un petit délai d'attente. Il n'en faut pas plus, parfois, pour retenir un geste ou un mot malheureux. Les enseignants conseillent à leurs élèves de tourner sept fois leur langue dans leur bouche avant de prendre la parole. Ne croyez pas que ce soit une métaphore ! Faites-le réellement, vous constaterez l'intérêt de cette pratique.

2. Réfléchissez aux situations dans lesquelles vous êtes susceptible d'éprouver certaines pulsions qui vous semblent trop puissantes. La prochaine fois que vous y serez confronté, surtout ne surestimez pas vos forces. Fuyez la tentation pour ne pas courir le risque d'y céder (voilà une première mesure de sagesse).

Par exemple, mettre un point final à une histoire d'amour malheureuse suppose, pour commencer, de cesser de se voir.

3. N'importe quel sportif repasse continuellement dans son esprit les gestes qu'il doit accomplir, car cela augmente sa vigilance au moment de la performance. Faites-en autant de votre côté : la prochaine fois que vous aurez à vous préparer à une échéance importante (une négociation, un entretien ou n'importe quelle entreprise décisive), pensez très souvent à l'avance à ce vous voudriez faire, rendez vos idées aussi « adhérentes » que possible, afin que les émotions du moment ne viennent pas vous en distraire. La répétition permet à une idée de s'incorporer en vous au point qu'elle vous accompagne continûment, même lorsque vous ne faites plus l'effort de la rappeler.

4. Repensez à la dernière fois que vous êtes sorti de vos gonds. Cette colère était-elle justifiée ? Il est parfois approprié et tout à fait raisonnable de se mettre en colère, comme il est approprié d'avoir peur ou d'éprouver du chagrin, mais à condition de ressentir ces émotions dans les bonnes circonstances et pour de justes causes. Faire preuve de mesure, ce n'est certainement pas s'empêcher de pleurer ou de crier quand il est opportun de le faire. Ne culpabilisez donc pas si vous éprouvez parfois de la colère. Vous n'avez pas vocation à devenir un bonze !

Viser un idéal de mesure

Toute la philosophie morale d'Aristote repose sur la conviction que chaque homme est habité par un désir d'excellence. C'est ce désir déçu qui nous pousse à rechercher le plaisir toutes les fois où nous échouons à nous accomplir comme nous le voudrions. Donner le meilleur de soi, briller, réussir, se hisser au sommet… tel est notre souhait à tous. Loin de condamner l'orgueil d'une telle aspiration, Aristote nous invite au contraire à l'investir pleinement. Mieux encore, il nous offre les moyens d'y parvenir.

C'est dire qu'il n'est aucunement question pour le philosophe d'apprendre à se montrer raisonnable, si nous entendons par là le fait de rester là où nous sommes, sagement, en nous contentant de ce que nous avons. Renoncer à l'excellence serait une façon de renoncer à nous-mêmes en acceptant la médiocrité d'une condition où nous demeurons en puissance, désespérément. Il n'y a aucun appel à l'humilité sous la plume d'Aristote. Si le bonheur réside dans la vertu, alors chacun est en droit d'y prétendre. Tous sont appelés, même si peu sont élus.

Paradoxalement pourtant, le philosophe ne cesse de présenter cet idéal d'excellence comme un idéal de *mesure*. Cette affirmation peut surprendre, car elle semble contradictoire. L'idée de mesure ou de moyenne évoque en effet souvent une forme de tiédeur.

Si tel était le cas, nous aurions le droit de l'estimer assez décevant. Après tout, peut-on être trop généreux ? Peut-on faire preuve de trop de courage ? Aime-t-on jamais assez ? Un pianiste doit-il craindre de jouer trop bien, un sportif d'être trop performant, une femme d'être une trop bonne mère ? Dieu, dit saint Jean, vomit les tièdes. Vraiment, Dieu a bien raison ! Quoi que nous fassions, il ne faut jamais fixer de limites à ce que nous savons faire. Si c'est bien, ce peut être encore mieux. Et si c'est mieux, c'est encore perfectible. Celui qui a peur d'en faire trop ne se donne pas les moyens d'en faire assez. La vertu est une tension permanente vers davantage de vertu.

Manifestement donc, les appels réitérés d'Aristote à faire preuve de mesure ne peuvent se comprendre de cette manière. Si la mesure incarne notre idéal d'excellence, c'est qu'elle doit signifier autre chose. Mais quoi, au juste ?

L'homme vertueux, un funambule

La vertu n'a rien à voir avec un compromis poussif. Il serait ridicule d'ambitionner d'être seulement moyen lorsqu'on désire l'excellence. On n'est jamais trop vertueux ! En revanche, si la vertu ne tolère pas de moyenne, il n'en demeure pas moins qu'elle peut elle-même être considérée comme une sorte de moyenne, coincée entre un excès et un défaut.

Défauts ou excès ?

Notre manière de parler nous induit quelquefois en erreur. Ainsi est-il d'usage d'opposer les qualités et les défauts, comme si tout défaut était le manque d'une qualité. Il est vrai que la lâcheté est un manque de courage, l'avarice une absence de générosité, et la bêtise un défaut d'intelligence. Le vice paraît ainsi négatif, alors que la vertu est positive. Cependant, cette vision sommaire nous fait passer à côté de nombreux défauts qui ne se présentent justement pas comme tels. À proprement parler, ils sont moins défauts qu'excès.

Combien de nos travers, sans que nous nous en rendions compte, sont en réalité les caricatures de nos vertus ? La lâcheté est un défaut, mais la témérité qui pousse à foncer tête baissée dans n'importe quelle mêlée ne vaut pas beaucoup mieux. L'avarice est un défaut, mais la prodigalité qui conduit à jeter son argent par les fenêtres n'est pas davantage recommandable. La bêtise est un défaut, mais la suffisance qui mène à pontifier est une stupidité qui vaut bien l'autre. À vouloir trop en faire, nous nous rendons souvent ridicules, autant que si nous avions choisi de ne rien faire. La pudeur devient pudibonderie navrante, la piété tourne en fanatisme, l'amour des lettres devient préciosité et l'amabilité trop appuyée a des airs de basse flatterie.

> « Lors de leurs fréquentations, lorsqu'ils vivent en société, échangent des paroles et traitent ensemble de leurs affaires, il y a des gens qui passent pour être complaisants. Ce sont ceux qui, pour faire plaisir, approuvent tout en termes élogieux et ne s'objectent à rien, mais croient au contraire devoir s'abstenir de chagriner ceux qu'ils rencontrent. » (E.N., IV, 1126 b 12-14)

Nous avons tendance à oublier que la quête de vertu a aussi sa part de responsabilité dans nos travers. Beaucoup d'entre eux sont en réalité de nobles aspirations qui tournent au vinaigre. Si la vertu est une tendance à agir et à progresser sans cesse, l'excès de vertu ressemble quant à lui à une pétrification de cette tendance. Imaginons un artiste qui reprend inlassablement les vieilles recettes éculées ayant fait ses premiers succès. À force de servir toujours la même rengaine, il devient lassant. Il n'agit plus, il refait de façon mécanique ce qu'il s'est habitué à bien faire, comme s'il en avait fini une fois pour toutes avec son désir d'excellence. Pourquoi voudrait-il faire mieux, puisqu'il est déjà parfait ? Bizarrement, s'il finit par en faire trop, c'est parce qu'il n'a plus l'ambition d'en faire plus. Il conserve les positions acquises, s'y installe lourdement, se crée une rente et exploite le filon. Tant de nos vices ont ce visage !

La moyenne est un sommet, très personnel

Comme la vertu est difficile ! La position n'est jamais acquise, on doit toujours faire attention à ce que l'on fait, comme un funambule qui marche sur une corde : crainte de choir, peur de déchoir. Il ne faut jamais renoncer à l'ambition d'agir à bon escient, avec raison. Les vertus d'aujourd'hui sont le terreau de nos vices futurs. Nous sommes exposés en permanence au danger d'en faire trop peu et à celui d'en faire trop. Si la vertu est une moyenne, elle est unique. Si le vice est à la fois défaut et excès, il est multiple. Qui osera dira alors que la mesure est une tiédeur quand elle est si exigeante ? Il y a deux fois plus de vices que de vertus, puisque chaque vertu est cernée de son manque et de son excès. Éviter de tomber d'un côté comme de l'autre n'a donc rien d'une partie de campagne.

> « C'est aussi pourquoi le mal est facile et le bien difficile : facile de rater la cible, mais difficile de l'atteindre. Et pour ces raisons encore, c'est donc du vice que relèvent l'excès et le défaut, et de la vertu que relève la moyenne. "Car on est noble simplement, mais vilain si différemment !" » (E.N., II, 1106 b 33-35)

La tâche est d'autant plus ardue que chacun doit partir de dispositions qui lui sont propres, et qui le font pencher d'un côté plutôt que de l'autre. Pour celui qu'un rien effraie, le courage a l'apparence de la témérité. Comme sa balance penche de ce côté, il doit faire porter tout son poids de l'autre afin de trouver son point d'équilibre. Chez le lâche, la témérité est au contraire la voie qui mène au courage. La tentation qu'il a de fuir devant le moindre danger, la peur envahissante qu'il éprouve devant les menaces fanfaronnes le rendent incapable d'apprécier les situations dans lesquelles il devrait avoir l'audace de faire face. Pour se remettre d'équerre, il doit donc chercher à se tordre dans l'autre sens et se promettre à l'insolente bravoure dès que la peur le tenaille. Puisque son effroi le rend incapable de discernement, il doit chercher à le contrarier le plus possible, ce qui le conduit à affronter n'importe quel danger par crainte de se montrer lâche. Tous ceux qui se savent pusillanimes et qui en ont honte combattent ainsi leur excès de peur par un excès d'audace. Manquant de repères, ils utilisent leur émotion tordue comme critère de décision : « Dès que tu ressens l'envie de fuir, garde ta position ! » Parce qu'ils sont portés à en faire trop peu, ils doivent apprendre à en faire trop.

> « On doit considérer les penchants auxquels, personnellement, nous sommes volontiers portés, car nous avons chacun nos inclinations naturelles. Or c'est ce que feront connaître le plaisir et le chagrin qu'il nous arrive d'éprouver. Et le devoir est de se tirer en sens contraire, car en nous éloignant beaucoup de la faute, nous arriverons au milieu, comme font ceux qui redressent des pièces de bois tordues. » (E.N., II, 1109 b 2-5)

Un étalon du vice et de la vertu

La quête de la vertu est un jeu à trois bandes qui induit de multiples effets de perspective. Selon la position que nous occupons, beaucoup de défauts ont l'apparence de qualités, tandis que de nombreuses qualités prennent l'allure de défauts. N'importe quel idiot peut trouver plus bête que lui et s'estimer ainsi plus malin qu'il n'est. Faute d'étalon, chacun est porté à apprécier les défauts des autres en fonction des siens propres.

Ce fait bien connu nous rend comiques malgré nous : nous reprochons à quelqu'un sa cruauté et il nous soutient qu'il est franc. Nous reprochons à un autre d'avoir eu la lâcheté de nous trahir, il se félicite d'avoir eu le courage de le faire. Un ami que nous trouvons drôle passe pour grossier aux yeux de notre conjoint. Et son ami à lui, que nous trouvons exaspérant, lui paraît auréolé de vertus. Les méchants de ce grand roman qu'est notre vie (le patron sadique, l'ami menteur, le voisin trop bruyant…) sont les gentils de romans alternatifs. Sans illusion, nous savons que nous tenons probablement dans ces derniers le mauvais rôle : celui de l'employé paresseux, de l'ami intolérant, du voisin chicaneur…

> « De même, en effet, que l'égal, comparé au moindre est plus grand, mais moindre comparé au plus grand, de la même façon, les états moyens sont des excès par rapport aux défauts et des défauts par

rapport aux excès, tant dans les affections que dans les actions. Ainsi le courageux, comparé au lâche, paraît téméraire, mais comparé au téméraire, il semble lâche. [...] C'est précisément pourquoi les personnes situées aux extrêmes repoussent chacune la personne qui tient le milieu dans la direction de l'autre et, si l'on se fie à ce qu'ils disent, le courageux, dans la bouche du lâche, est un téméraire, mais dans la bouche du téméraire, il est lâche ; et dans les autres cas, l'on voit un phénomène analogue. » (E.N., II, 1108 b 15-28)

C'est dire que nous manquons singulièrement d'étalon qui nous rendrait aptes à discerner correctement nos vices et nos vertus. C'est à ce titre que l'homme vertueux est aussi l'homme de la moyenne. Il n'est pas seulement mesuré, il est aussi la mesure du vice et de la vertu. Et il est l'un précisément parce qu'il est l'autre : il occupe la moyenne entre le défaut et l'excès. À ce titre, il occupe exactement la position qu'il faut pour juger correctement du défaut et de l'excès.

« La vertu est un état [...] qui consiste en une moyenne fixée relativement à nous et telle que la définirait l'homme prudent. » (E.N., II, 1107 a 1)

Dans n'importe quel domaine, pour apprécier correctement d'une qualité ou d'une compétence, il faut y être suffisamment versé soi-même. Nous prêtons ainsi au spécialiste une autorité de jugement que nous refusons au néophyte. Celui qui est compétent sait en principe mieux apprécier les choses, les mesurer à leur juste valeur que celui qui n'y connaît rien. En matière de vertu, c'est la même chose. Celui qui a su se rendre excellent est plus à même de servir de règle que n'importe qui d'autre. L'homme vertueux est donc une boussole.

Questions vitales

1. Vous reproche-t-on parfois d'en faire trop peu ? C'est que vous n'êtes guère intéressé par ce que vous faites. En somme, vous manquez de motivation. Si vous êtes tenu d'accomplir une activité, n'attendez pas qu'une gratification extérieure vienne vous apporter, en monnaie sonnante et trébuchante, la motivation qui vous manque. C'est à vous de la trouver et d'abord exclusivement pour vous-même. Quel pensum que de devoir s'astreindre quotidiennement à une besogne pour laquelle on n'éprouve aucune inclination et à laquelle on ne peut malgré tout échapper ! Réfléchissez à une tâche particulière rentrant dans cette catégorie. N'y a-t-il rien, dans cette situation, qui vous offre l'occasion de déployer une excellence à laquelle vous pourriez prendre du plaisir ?

2. Inversement, vous reproche-t-on parfois d'en faire trop ? Vous péchez alors par excès de zèle. Le zèle est la volonté de trop bien faire, avec cette conséquence inéluctable, bien souvent, de faire beaucoup moins bien que ce que l'on est réellement capable de faire. Un étudiant qui prépare un examen échoue quelquefois parce qu'il a l'ambition de réussir brillamment. Cela fait peine à voir, car des ambitions plus modestes lui auraient assuré sans peine le succès qu'il espérait. Et vous ? N'avez-vous pas parfois tendance à vouloir être le meilleur avant de chercher simplement à être bon ? Faire preuve de mesure, c'est aussi apprécier lucidement ce qui est à sa portée. Certes, nous devons toujours avoir l'ambition de faire mieux, mais nous devons également avoir les moyens de notre ambition.

Philo-action

1. Lorsque vous travaillez, sauriez-vous dire à quel moment vous êtes le plus efficace ? Est-ce le matin, ou plutôt le soir ? Avez-vous besoin du plus grand calme, ou au contraire d'une certaine fébrilité ? Et surtout, au bout de combien de temps sentez-vous que votre vigilance décline ? À quel instant votre obstination devient-elle contre-productive ? Soyez attentif à votre rythme cette semaine. Combien d'heures passées ainsi à s'acharner sur des problèmes qui se compliquent au gré de l'épuisement… alors que cinq minutes de réflexion à tête reposée suffiraient à les dissiper ! Savoir s'arrêter quand il faut demande un effort qui ne va jamais sans une espèce de violence.

2. Essayez dans les jours qui viennent de conserver une faculté d'autodérision dans vos entreprises les plus sérieuses. Comment ? Soyez attentif à ce qu'il y a d'excessivement prononcé dans votre attitude : tours de langage répétitifs, mimiques trop appuyées, postures grandiloquentes... Tentez d'imaginer ce que serait une parodie de vous-même. Au besoin, faites-vous aider par la pression des habiles moqueurs, comme un roi qui sollicite l'appui de son fou. Être capable de rire de soi permet de conserver une certaine fraîcheur et une souplesse qui favorise les remises en cause. Cela sauve aussi du ridicule : la componction austère de ceux qui ne plaisantent jamais est déjà en soi une assez risible caricature.

Sur les traces des héros
de notre enfance

La mesure est également un idéal esthétique. À contempler l'excellence, nous éprouvons une émotion qui donne l'envie d'admirer comme le goût d'imiter. Y a-t-il meilleure façon pour un enfant de s'initier aux grandes actions que cet enthousiasme suscité en lui par la beauté du geste ?

Au nom d'un idéal esthétique

Les Grecs avaient une expression pour désigner l'alliance du beau et du bon : le *kalos agathos*, ou littéralement le « bel et bon ». À n'en pas douter, la ferveur morale est aussi une ferveur esthétique !

Les actions ou les émotions que nous admirons le plus sont toujours appréciées dans un registre esthétique : « C'est beau, l'amour ! » ; « Quel beau coup ! », « Il est beau joueur », etc. Ce sentiment esthétique suppose d'adopter une position de spectateur, celle-là même que nous avons lorsque nous prenons plaisir à contempler la réussite de ceux que nous aimons. Comme ils nous sont proches, leurs succès sont aussi les nôtres ; un parent s'identifie très facilement aux réussites de son enfant. Mais comme ils ne sont pas nous, nous pouvons jouir aussi plus facilement de la beauté du spectacle. Au plaisir de se sentir soi-même vertueux (« C'est mon fils ! ») s'ajoute donc l'émotion ressentie devant l'excellence d'un autre (« Bravo ! »).

> « Si être heureux consiste à vivre et être actif, si l'activité de l'homme bon est vertueuse et agréable par elle-même, comme il a été dit au départ, même si ce qui est personnel entre aussi dans les choses agréables, nous sommes malgré tout mieux en mesure d'observer les autres que nous-mêmes et leurs actions plutôt que nos actions personnelles. Dans ces conditions, les actions des gens vertueux qu'ils comptent pour amis sont donc agréables aux hommes de bien, puisqu'elles possèdent ce double agrément naturel. » (E.N., IX, 1169 b 31-35)

Nous pouvons apprendre à adopter cette position de spectateur vis-à-vis de nous-mêmes. Aristote ne cesse de répéter que l'homme vertueux agit au nom d'un idéal esthétique. L'homme courageux affronte le danger parce que c'est beau ; le généreux préfère donner que recevoir, parce que donner a plus d'allure à ses yeux ; le magnanime boude les petits intérêts, parce qu'il trouverait laid de s'abaisser pour si peu… Comme si l'ambition d'excellence était guidée par le sentiment du beau, comme si la quête de vertu était aussi une volonté de faire de sa propre vie une œuvre d'art, destinée à durer.

La singulière beauté de l'homme vertueux

Et pour cause, la vertu est belle parce qu'elle incarne justement une moyenne. Les œuvres d'art que nous trouvons les plus émouvantes sont celles qui paraissent les plus « naturelles » à nos yeux. Elles donnent l'impression de se tenir d'elles-mêmes, sans le concours ou l'intervention extérieure de l'artiste. Si vous y retirez quelque chose, l'illusion s'effondre d'un seul coup. Si vous y rajoutez quelque chose, l'artifice devient patent. Parfaite moyenne : il ne faut rien de plus, rien de moins !

> « D'où l'habitude de déclarer, à propos des œuvres réussies, qu'on n'y peut ni retrancher, ni ajouter quoi que ce soit, dans l'idée que l'excès et le défaut ruine la perfection tandis que la moyenne la préserve. » (E.N., II, 1106 b 9-11)

À l'inverse, les œuvres d'art qui nous répugnent sont celles qui sont incapables de remplir les conditions d'une illusion réussie. La main du démiurge y est trop présente, l'œuvre ne se tient pas, elle a quelque chose de boiteux : une ligne de couleur qui perturbe l'équilibre d'une composition dans une peinture abstraite ; un couac désagréable lors d'un concert, qui nous ramène brusquement à notre siège ; l'ombre portée du preneur de son au beau milieu d'un film... C'est toujours soit « trop » (vulgaire, caricatural, violent, complaisant, télé-phoné...), soit « trop peu » (subtil, élégant, léger, consis-tant...). Dans tous les cas, la perfection esthétique semble satisfaire un idéal du « ni trop ni trop peu ».

C'est parce qu'elle incarne à merveille cet idéal que la vertu est belle. C'est parce qu'il est, plus qu'aucun autre, un modèle de mesure que l'homme vertueux a cette étrange beauté le rendant si reconnaissable.

Sur les pas des super-héros

Des siècles de christianisme nous ont accoutumés à conce-voir la morale comme l'obéissance à une loi. Loi divine, loi natu-relle ou loi des hommes, peu importe ! Ce qui compte, c'est que nous supposons spontanément que la vertu réside dans le respect de ces normes, qui nous prescrivent ce que nous devons faire. La vertu consisterait donc à obéir à une loi que nous avons reçue ou que nous nous sommes fixée. Nous pouvons trouver plaisir à le faire, comme lorsque nous donnons un peu d'argent à un nécessiteux. Ou nous pouvons au contraire juger cela pénible, comme lorsque nous sautons à l'eau pour porter assis-tance à un homme qui se noie. Dans le fond, que nous y prenions plaisir ou pas, l'essentiel n'est pas là. Se comporter vertueusement consiste surtout à accomplir son devoir.

Il est vrai que cette conception s'autorise d'une expérience que nous avons tous faite enfants. Le bambin apprend de ses parents un certain nombre de règles dont le respect garantit son intégration sociale. En apparence donc, c'est bien ainsi que la morale s'introduit dans notre existence : sous la forme d'une loi. En apparence seulement, car ces prescriptions prennent plutôt la forme d'interdits : elles enseignent moins à l'enfant ce qu'il doit vouloir que ce qu'il doit s'empêcher de vouloir (« Ne fais pas ci, ne fais pas ça ! »). Elles lui fixent des limites et lui imposent une attitude qui a une fonction exclusivement sociale : « Honore ton père et ta mère, ne commets pas d'adultère, porte secours à ton frère… » Cette loi est donc la garante de la stabilité sociale contre les tentations égoïstes des individus. Elle vise à protéger les autres du mal que nous serions susceptibles de leur faire. En somme, elle incarne la bienséance, la politesse que nous rendons aux gens avec qui nous vivons.

Mais la politesse n'est pas la morale ! Et ce n'est certainement pas sous cette forme que la morale surgit dans la vie du petit enfant. Comment alors ? Par une volonté d'imitation !

> « Imiter est en effet, dès leur enfance, une tendance naturelle aux hommes – et ils se différencient des autres animaux en ce qu'ils sont des êtres fort enclins à imiter et qu'ils commencent à apprendre à travers l'imitation. » (*La Poétique*[1], 1148 b 6-8)

Le petit garçon passe ainsi des heures entières à rejouer les scènes de ses héros : il est Zorro, Superman, d'Artagnan… Son papa aussi est un héros qu'il admire et sur lequel il tente de calquer son attitude. Il veut être comme lui, faire comme lui, tant il le trouve beau. Son apprentissage de la vertu, il le fait donc par le biais d'un rapport à une personne plutôt qu'à une loi. Il n'obéit pas, mais imite autant que possible. Quand il se demande quoi faire, il ne cherche pas à consulter la loi, mais se dit : « Qu'aurait-il fait à ma place ? »

---

1. *La Poétique*, traduction M. Magnien, Le Livre de Poche, 1990.

Le ressort de la vertu n'est pas la loi anonyme que nous *devons* respecter, mais le héros que nous *voulons* imiter. Point de « devoir » ni d'« obéissance » : oubliez l'humilité ! La vertu est l'ambition d'égaler celui qui, à nos yeux, représente un modèle d'excellence et de beauté. Autant dire qu'elle est joyeuse, pleine d'enthousiasme et d'esprit de conquête ! C'est ce même enthousiasme que nous ressentons lorsque nous nous identifions, malgré nous, aux personnages de films ou de romans.

L'homme prudent dont parle Aristote, ce modèle de perfection, n'a donc rien du sage reclus en son étude. Il ressemble beaucoup plus au héros de notre enfance. Non pas celui qui impose une règle, mais celui qui est notre règle : « Comment agirait-il, s'il était moi ? » Plût au ciel que nous gardions intacte cette faculté d'admiration, qui nous pousse à vouloir égaler nos modèles.

Questions vitales

1. Quel est votre premier réflexe en face d'une action ou d'une œuvre que l'on vous présente sous les auspices de l'excellence ? Adoptez-vous une moue dubitative, en refusant de vous en laisser conter (« Ce n'est pas si terrible. Moi aussi, je pourrais en faire autant ! ») ou bien êtes-vous au contraire porté à admirer sincèrement ? Une grande œuvre d'art qui vous déroute suscite-t-elle en vous une réaction de rejet (« Gribouillage inepte ! Musique inaudible ! ») ou bien entraîne-t-elle au contraire chez vous un aveu d'humilité et une envie de comprendre ? En somme, avez-vous l'habitude de juger de toute chose d'après votre propre niveau d'excellence, ou êtes-vous disposé à juger de votre propre excellence d'après ce qui la dépasse ?

Contrairement à ce que nous pourrions penser, nous ne sommes jamais inférieurs lorsque nous avons l'humilité de reconnaître ce qui vaut mieux que nous, même si cette réputation est usurpée ! Nous nous élevons au contraire, par l'envie de comprendre et par celle d'égaler.

2. En cherchant bien, vous trouverez probablement dans votre vie des modèles que vous souhaiteriez imiter. Certaines personnes incarnent mieux que d'autres la perfection d'une réussite à laquelle nous aspirons : le champion qui n'a jamais perdu un match, l'entrepreneur à la tête de nombreuses sociétés qui a commencé sa carrière dans le garage d'un pavillon de famille, l'artiste en haut de l'affiche qui a su rompre avec les codes, le grand guerrier qui meurt sans se rendre... Les modèles de votre enfance, dont l'effigie garnissait les murs de votre chambre à coucher, sont sans doute tombés dans l'oubli.

Sauriez-vous donner un nom ou prêter un visage à ces ombres fuyantes qui, aujourd'hui, les ont remplacés ?

3. Quelle attitude adoptez-vous en face de ces modèles ? Ont-ils pour effet de vous écraser, en vous rappelant sans cesse la distance infranchissable qui vous sépare d'eux, ou vous exaltent-ils au contraire, en vous insufflant de l'élan ? Dans un cas, leur supériorité vous fait souffrir parce que vous voudriez agir comme si vous étiez eux. Mais comme vous n'êtes pas eux, le mieux que vous pourrez faire sera de vous transformer en risible contrefaçon de leur grandeur, et vous serez considéré sans aménité comme un Céline de goguette, un Picasso du dimanche, un Mozart laborieux… Dans l'autre cas, en revanche, la supériorité du modèle vous porte parce que vous voudriez agir comme s'il était vous. Au lieu de vous dire : « Que devrais-je faire, si j'étais lui ? », vous vous demandez plutôt : « Que ferait-il, s'il était moi ? »

Philo-action

La prochaine fois que vous aurez une décision difficile à prendre, essayez d'y ajouter un critère esthétique. Par exemple, il est parfois difficile de savoir si nous devons prendre la décision de mentir pour protéger un ami d'une vérité douloureuse. Moralement, le choix est difficile parce que notre ami pourrait aussi nous en vouloir de l'avoir trompé. Si vous ne savez comment être juste moralement, essayez d'éprouver la justesse « esthétique » de votre décision. Ainsi, rien de plus laid que de laisser quelqu'un se ridiculiser devant vos yeux parce qu'il ignore une vérité à laquelle il a droit. Dans d'autres situations, en revanche, il paraît beau d'être le seul à souffrir d'un secret dont on voudrait se délivrer. Question d'atmosphère !

L'Homme, cet animal rationnel

Finalement, l'idéal de mesure est surtout un idéal de raison. En latin, *ratio* signifie mesure, rapport. La raison porte décidément bien son nom !

La raison est la différence spécifique de l'homme

Affirmer que l'homme est un « animal rationnel[1] » ne revient pas à faire état d'une double nature, animale d'un côté, rationnelle de l'autre. Cette vision duale de la nature humaine est pourtant très répandue. Spontanément, nous avons tendance à y souscrire, non sans quelque motif. Combien de fois n'avons-nous pas senti en nous une tendance irrépressible à agir comme des bêtes, poussés par des instincts primaires ? Confrontés à nos débordements de violence, à des pulsions sauvages, nous mesurons à quel point notre raison est fragile. Rien de plus facile que de perdre la tête ! Agir en homme paraît alors une exigence problématique, qui n'est jamais totalement acquise. Comme si l'humanité était une tâche à reprendre continuellement plutôt qu'une condition à assumer. Est-on jamais assuré d'être humain, quand il est si courant d'être bête ?

Cette manière de concevoir la nature humaine peut sembler satisfaisante à bonne distance. Mais envisagée de près, elle se révèle caricaturale. Car la raison n'est pas une faculté qui s'ajouterait à notre nature animale ; elle est proprement ce qui

---

1. Qui raisonne, élabore des concepts et fait tout sous le couvert de sa raison.

fait notre nature. Reconnaissons qu'il est difficile de se montrer « raisonnable », si nous entendons par là le fait d'user *correctement* de notre raison. En revanche, se montrer « rationnel », c'est-à-dire utiliser notre raison, est une nécessité à laquelle il nous est rigoureusement impossible d'échapper. Et pour cause, la rationalité est la marque distinctive de l'homme, sa différence spécifique. Il n'est donc pas plus possible de se débarrasser de cette aptitude rationnelle que de renoncer à son aptitude au langage. La raison nous colle à la peau, quoi que nous tentions pour nous en défaire. Que nous le voulions ou non, nous agissons donc rationnellement. Ce n'est pas une option, mais une nécessité de nature.

L'aptitude à concevoir des concepts

La sauvagerie dont nous nous rendons si souvent coupables n'est pas la marque d'une animalité résiduelle qui subsisterait en nous, inexpugnable. Aucun animal, observe Aristote, n'est porté par nature à se montrer intempérant. Il ne peut jamais désirer plus que ce dont il a besoin. Lorsque le manque est satisfait, le désir s'arrête avec lui, et l'animal ne songe guère à prolonger son plaisir au-delà. Il n'a pas en l'occurrence l'aptitude à concevoir des concepts. Un concept est le résultat d'une opération mentale qui se nomme « abstraction » et qui consiste à expurger notre représentation mentale de toute apparence sensible. Ce n'est pas très compliqué à comprendre : le concept, ou l'idée, est le contraire d'une image.

Lorsque vous regardez un dessin géométrique, vous voyez un objet qui a, mettons, trois côtés et trois angles. C'est cet objet que vous voyez dès que quelqu'un vous demande de penser à un triangle. Mais à travers cette image particulière, qui sert de support à votre pensée, vous évoquez mentalement un objet beaucoup plus général qui n'a aucune forme particulière. Un triangle en général, donc, qui n'est ni celui-là ni cet autre, mais le concept de triangle : une figure plane à trois côtés et à trois angles.

> « Ce qu'on appelle les abstractions, on les pense de la même manière que le camus : le nez camus en tant que tel, on le pense sans le séparer de la matière ; mais si l'on considère la concavité et qu'on la pense en acte, la pensée exclut la chair où s'inscrit cette concavité ; c'est ainsi que les objets mathématiques, quoique non séparés de la matière, sont pensés comme séparés, quand on pense les abstractions. » (D.A., III, 7)

Or, c'est justement parce qu'il manque de cette aptitude rationnelle à concevoir des concepts qu'un animal est aussi incapable de rechercher le plaisir pour lui-même. Vouloir se faire plaisir est une chose à laquelle on ne peut guère songer tant qu'on ne dispose pas du concept de « plaisir ». Faute de cela, on ne peut chercher le plaisir en lui-même, mais seulement des objets plaisants qui présentent une certaine apparence. Chez l'Homme, au contraire, les objets plaisants peuvent devenir autant d'occasions de satisfaire une quête effrénée de jouissance. Par-delà l'image des choses plaisantes, l'humain a la capacité de poursuivre un concept qui se nomme « plaisir » et qui ne se trouve intrinsèquement lié à aucun objet particulier.

> « Et par conséquent, la raison pour laquelle les bêtes ne sont pas incontinentes, c'est aussi qu'elles n'ont pas de croyance universelle, mais la représentation et la mémoire des choses particulières. » (E.N., VII, 1147 b 4-5)

Des désirs très divers

Cette capacité à concevoir des idées est aussi ce qui nous permet de comprendre l'étonnante diversité individuelle de nos désirs. Quand une grenouille propulse sa langue sur un pauvre moustique qui passait par là, ce n'est pas qu'elle en a personnellement après lui. Le moustique, petite chose noire et volante, correspond simplement à une représentation mentale qui est son standard culinaire. Sa proie a, pour son malheur, le physique de l'emploi. Mais comme cette représentation mentale n'est rien d'autre qu'une image schématique, la grenouille est peu susceptible de faire de grands écarts de régime. Elle est obligée de rester dans la ligne fixée par le schéma, au même titre qu'une autre grenouille. Bref, il est peu probable qu'elle entreprenne par caprice le nénuphar sur lequel elle repose !

Tout est différent lorsque, au lieu de correspondre à une image, votre régime alimentaire correspond à un concept. Par exemple, si vous avez envie de manger des légumes, n'importe quel objet de la catégorie « légumes » est susceptible de vous satisfaire. Vous n'êtes pas limité par la nécessité de rechercher des objets dont la silhouette se ressemble. En apparence, rien de commun entre une carotte, un chou-fleur et un haricot vert. Mais d'un strict point de vue conceptuel, ce sont des légumes. Si bien que, d'un individu à l'autre, la réalisation concrète de ce désir de manger des légumes pourra revêtir des formes très différentes.

> « Il existe en effet une différence entre le plaisir du cheval, le plaisir du chien et le plaisir de l'homme : comme Héraclite[1] le soutient, "des ânes vont préférer la paille à l'or", car la nourriture a plus d'agrément que l'or pour des ânes. Ainsi donc les plaisirs des espèces différentes se distinguent formellement. Ceux des animaux identiques, en revanche, ne présentent pas logiquement de différence. Pourtant, ils sont variables, et pas si peu, du moins dans le cas des hommes. » (E.N., X, 1176 a 6-10)

---

1. Héraclite d'Éphèse est un philosophe grec de la fin du VIe siècle avant J.-C.

Un raisonnement permanent

L'emprise que la raison exerce sur nous ne s'arrête pas là. Non contents de pouvoir forger des concepts, nous sommes également aptes à les manipuler, à les combiner entre eux : c'est ce qu'on appelle proprement « raisonner ». C'est à cette faculté de raisonnement que se reconnaît immanquablement notre humanité. Là encore, aucun choix ne nous est laissé. S'il dépend de nous de raisonner plus ou moins bien, avec plus ou moins de justesse, nous n'avons jamais la liberté d'oublier de raisonner.

Même le désir le plus impulsif, nous l'avons dit, ne peut manquer de trouver en nous une justification intellectuelle qui lui ouvre droit à la satisfaction[1]. Un individu qui s'abandonne à la violence, aussi aveuglé soit-il, a toujours besoin d'y inclure une considération rendant cette violence légitime. Un animal n'a en revanche aucune nécessité de se trouver des raisons de céder à ses instincts. Un lion qui dévore une gazelle ne se dit pas qu'il accomplit par là une grande loi de la nature. Il suit sa nature, sans plus. Quand l'Homme se réclame d'elle au contraire pour satisfaire son envie de sang, il se fait idéologue. Un prédateur n'a pas besoin d'accabler sa proie en lui donnant des torts. Chez l'homme au contraire, le mal qu'il fait doit toujours se doubler de tout le mal qu'il pense de sa victime. Celui que l'on frappe est un ennemi malintentionné, une vermine qu'il faut exterminer. Évidemment.

Notre vie elle-même – faut-il le rappeler ? – apparaît comme un monument de cohérence logique dans lequel des moyens sont mis au service de fins, et où les fins elles-mêmes sont constamment hiérarchisées suivant un ordre de priorité[2]. Plus que tout le reste, la recherche d'un bien suprême, sous l'égide duquel nous tentons d'organiser notre existence entière,

---

1. *Cf.* partie III, « La raison, un garde-fou ».
2. *Cf.* partie I, « La tragique ambition d'être heureux ».

témoigne de l'emprise souveraine que la raison exerce sur notre vie. Nous ne nous laissons jamais vivre, mais menons notre vie comme on dirige une construction. Et même lorsque nous choisissons de nous laisser aller, emportés par le flot des circonstances, c'est par une résolution active qui cherche à retrouver l'innocence d'un état passif. Le bonheur est un phare qui force à se penser autant qu'à se construire. Décidément, l'homme est bien un animal rationnel !

Vers une pensée « droite »

Puisque nous sommes condamnés à agir rationnellement, puisque même nos passions font appel à la raison, notre vertu sera nécessairement affaire de dispositions intellectuelles. Nous ne pouvons nous prononcer sur ce qui fait la vertu de chacun. Mais ce qui fait que chacun est un homme, c'est qu'il est un animal rationnel. Il y a donc au moins une excellence qui nous concerne tous, autant que nous sommes : agir le plus rationnellement possible, c'est-à-dire de la façon qui soit intellectuellement la plus appropriée.

Pour qualifier cet idéal, Aristote utilise le terme « rectitude » ou « droiture ». Qu'est-ce qu'une pensée « droite » ? C'est l'équivalent, dans le domaine pratique, de ce qu'est la vérité dans le domaine théorique. Une attitude est d'autant plus rationnelle qu'elle satisfait à une exigence de rectitude. Agir rationnellement, c'est être capable de poser les bons rapports au bon moment, de mesurer et de peser correctement la situation dans laquelle on se trouve.

> « Tous les états [vertueux] dont nous avons parlé impliquent en effet [...] un certain but que vise celui qui a la raison, lorsqu'il se concentre ou se relâche. Ils impliquent aussi une certaine norme pour des moyennes dont nous prétendons qu'elles se situent entre l'excès et le défaut parce qu'elles traduisent la raison droite. » (E.N., VI, 1138 b 22-25)

L'homme prudent, modèle de perfection

Aux yeux d'Aristote, celui qui accomplit cet idéal est l'homme prudent. Si la moyenne traduit toujours la « raison droite », alors notre vertu tout entière est suspendue à cette exigence de rectitude intellectuelle qu'Aristote nomme « prudence ». Ce terme est une traduction du grec *phrônesis*. Beaucoup de traductions alternatives ont été proposées afin de donner un visage plus fidèle à celui dont parle Aristote. « L'homme prudent » (*phrônimos*), c'est vrai, fait un peu penser à un individu précautionneux à l'excès, presque timoré, ce qui n'est pas très avantageux. Faut-il préférer « homme sagace », « homme sage », ou « homme raisonnable » ? Aucune de ces propositions n'arrive tout à fait à faire ressortir à quel point la *phrônesis* est un idéal enthousiasmant. C'est dommage.

> « Aujourd'hui, chaque fois qu'il s'agit de définir la vertu, tout le monde précise son état et ce à quoi il se rapporte en ajoutant que cet état est conforme à la raison correcte. Or la raison est correcte quand elle exprime la prudence. Il semble donc bien que tout le monde devine d'une certaine façon que le genre d'état en quoi consiste la vertu est celui qui traduit la prudence. » (E.N., VI, 1144 b 23-25)

Penser n'est pas chez l'homme prudent une simple activité, c'est devenu une manière d'être. Il n'est pas un homme qui raisonne *et* qui vit, mais un homme qui vit *comme* il raisonne. Sa pensée ne se laisse pas oublier, parce que les dispositions affectives dans lesquelles il se trouve renforcent son activité et la soutiennent en permanence.

> « Ce [la prudence] n'est pas [...] un état accompagné de raison uniquement. Et un indice, c'est que ce genre d'état se laisse oublier, mais non la prudence. » (E.N., VII, 1140 b 29-30)

La prudence se laisse d'autant moins oublier qu'elle est un état de la raison greffé à des dispositions affectives. Quoi de mieux, pour résister à nos affects turbulents, qu'une disposition affective acquise au prix d'efforts répétés ? C'est cela, la prudence. Elle est bien davantage qu'un remède à notre incontinence. Aristote voit en elle la synthèse de toutes les vertus. L'homme prudent, raisonnable, idéal de la vertu ? Toute une vision de l'homme se cristallise dans cette conviction.

Le *phrônimos* n'est pas un intellectuel, ni un méditatif. La recherche de la vérité n'est pas son problème. Il est homme d'action, engagé dans des situations quotidiennes, comme vous et moi, qui le forcent à prendre un parti, à décider toujours. C'est son implication dans cette vie concrète où rien n'est jamais sûr et où menace sans cesse la tentation de perdre toute mesure, qui lui vaut ses titres de gloire. Mieux qu'un autre, il incarne l'excellence sous son allure la plus générale, parce qu'il est l'homme qui accomplit le mieux notre vocation d'animal rationnel.

Questions vitales

1. Avec quelles personnes êtes-vous le plus susceptible de vous disputer ? Avec celles qui ne partagent ni vos engagements ni vos combats, ou bien avec celles qui sont dans votre propre camp et qui se réclament donc des mêmes valeurs que vous ? Deux écrivains peuvent se détester le plus cordialement du monde au nom d'un amour commun de la littérature ; deux hommes politiques du même bord, se haïr proprement mieux que ne le feraient leurs adversaires. Pourquoi cela ? Parce qu'on n'éprouve aucun besoin de se battre pour le monopole d'une idée en face d'adversaires qui se réclament d'autres idées concurrentes. En revanche, lorsqu'on veut défendre une certaine idée de la littérature, on se trouve directement aux prises avec ceux qui la revendiquent autant que soi.

L'idée est la même, mais le contenu qu'on lui assigne est très différent. Puisque c'est le privilège d'un concept de n'être lié à aucune représentation sensible particulière, il jouit d'une dangereuse indétermination propre à susciter ces conflits tragi-comiques où chacun accusera l'autre d'être un traître à la cause.

2. Vous arrive-t-il parfois d'être fatigué d'avoir à rendre raison de la moindre de vos actions ? Vous aimeriez pouvoir vous contenter de dire que vous faites certaines choses par simple envie, par inclination, sans réflexion d'aucune sorte. Par exemple, a-t-on vraiment besoin de justifier le fait d'aimer bronzer nu sur la plage ? Pourtant, ce désir d'agir spontanément ne traduit-il pas quand même une considération implicite ? Prenez le temps d'y penser : si, langoureusement étendu sur le sable, vous accueillez fraîchement la bonne âme qui vous tance, n'est-ce pas qu'à vos yeux la pudeur ne mérite aucune approbation ?

N'est-ce pas qu'un corps dénudé vous semble au contraire renouer avec une naturalité innocente, loin des oripeaux mensongers de la civilisation ? En somme, votre action est loin d'être spontanée ! Elle suppose, en toile de fond, une série de considérations générales sur la morale, la nature et la culture... Il semble beaucoup plus difficile que vous ne le pensez de dévêtir le philosophe qui sommeille en vous, même nu sous le soleil !

Éléments d'une vie

Il est difficile d'imaginer qu'Aristote ait jamais pu être un enfant chahuteur. On ne se le représente que sous les traits d'un vieillard méticuleux, nourri d'années et de sagesse, figure même de l'intellectuel. Seule la gloire confère aux grands penseurs du passé ce privilège rétrospectif : ils ne grandissent ni ne vieillissent, échappant pour l'éternité aux tumultes de la vie ordinaire. On les exempte complaisamment d'avoir vécu, on compte qu'ils se soient contentés de penser. D'ailleurs, s'ils continuent de le faire, encore et pour toujours, c'est par l'intermédiaire de ceux qui les suivent.

Cette destinée posthume n'aurait sans doute pas déplu à Aristote, lui qui aura rêvé sa vie durant d'une existence tout entière dévouée à l'activité théorique, et souffert d'un idéal de connaissance continuellement contrarié par les remous et urgences de son époque. Au point qu'une vie contemplative lui semblait tenir d'une condition divine, par son caractère infiniment désirable autant que par son impossibilité.

L'histoire a de ces ironies, tout de même ! La plus incroyable étude de l'action, nous la devons à un homme qui n'a eu de cesse de vouloir s'y soustraire et qui, faute d'y parvenir, a entrepris du moins d'en dresser la théorie. L'obligation d'agir, chez un individu de sa nature, devait avoir quelque chose de suffisamment contrariant pour qu'elle devînt à ses yeux un authentique problème, requérant une élucidation rigoureuse et systématique.

Né en 384 avant Jésus-Christ, à Stagire, en terre macédonienne, le jeune Aristote perdit très tôt ses parents. Son père, Nicomaque, était médecin et ami du roi Amyntas II. Plus théoricien que praticien, Nicomaque aurait écrit un ouvrage de médecine en six livres, ainsi qu'un ouvrage de physique. Il n'en fallait sans doute pas plus pour susciter chez l'enfant un appétit immodéré pour la connaissance. Son ambition intellectuelle devait être puissante et terriblement précoce, puisque, à dix-sept ans seulement, il rejoignit Athènes pour y suivre l'enseignement de l'académie platonicienne. Il y demeura vingt ans, jusqu'à la mort du maître, non sans marquer très rapidement sa différence.

La plus grande rivalité intellectuelle de tous les temps se joua entre ces deux hommes. Platon d'un côté, le maître des Idées, membre d'une grande famille athénienne promis à un destin politique et n'ayant eu de cesse de faire valoir cette prétention. Ce personnage charismatique, génial propagandiste de ses idées, avait l'art de parler aussi bien que le talent d'évoquer. De l'autre côté, le Stagirite Aristote, que son statut juridique de métèque empêchait de participer aux affaires de la Cité. On sait peu de chose de sa personnalité, mais cette lacune est peut-être un indice de sa grande réserve. Les membres de l'académie l'appelaient « le Liseur », parce qu'il aimait lire les textes directement sans passer par la voix d'un esclave. Dans la petite équipe d'enseignants que Platon constitua, Aristote prit en charge les questions de logique et de rhétorique. Homme d'étude, à n'en pas douter, habile penseur… mais piètre politique ! Deux fois de suite, après la mort de Platon, la direction de l'académie lui échappa. Une première fois en - 346, au profit de Speusippe, neveu de Platon ; une seconde fois en - 339, au profit de Xénocrate, son confident et ami.

Il n'en demeure pas moins qu'Aristote sut s'imposer rapidement et se distinguer par son extraordinaire puissance intellectuelle. Il suffit de lire ses textes pour mesurer l'impression qu'une telle machine cérébrale devait produire auprès de ses amis. Quand Aristote s'attaque à un problème, il ne lâche jamais prise avant qu'il n'en soit venu à bout. Il l'examine sous toutes ses facettes, envisage toutes les alternatives possibles, ne s'effraie d'aucun détail, au point même d'en devenir lassant et de paraître s'attacher à des circonstances négligeables. Il devait être bien difficile de résister à un tel esprit une fois qu'il s'était mis en marche. Il y a quelque chose du contrôleur fiscal chez Aristote. Les plus grandes théories peuvent succomber à de tout petits détails, auxquels on a oublié de penser et pour lesquels on n'a pas acquitté suffisamment l'écot de la rigueur. Aristote est un maître en comptabilité : il recense, classe, hiérarchise et ne laisse passer aucune facture sans l'avoir examinée à fond.

Sa vie théorique fut malheureusement rattrapée par la rivalité politique grandissante entre Athènes et la Macédoine. La seconde partie de l'existence d'Aristote fut placée sous le signe des voyages et des bagages, faits et refaits au gré des agitations qui vinrent perpétuellement perturber son activité. À la mort de Platon, sentant l'hostilité des Athéniens contre lui, Aristote partit à Atarnée, avec deux condisciples (Xénocrate et Théophraste). Il y rejoignit Hermias, un ami d'enfance devenu tyran du royaume de Mysie, sur la côte d'Asie mineure. Pour une raison mystérieuse, les rapports entre les deux hommes se refroidirent assez rapidement, et Hermias installa les philosophes dans le petit port d'Assos à l'autre bout de son territoire.

Aristote y demeura trois ans, avant qu'Hermias ne soit capturé par les Perses et torturé à mort. Obligé de partir à nouveau, il s'installa alors à Mytilène, dans l'île voisine de Lesbos d'où était originaire son ami Théophraste. Il y passa deux ans, s'y livrant avec bonheur à des observations biologiques et à l'étude de la faune marine... avant d'être à nouveau atteint par les embruns du siècle.

Rappelé en Macédoine par le roi Philippe II, Aristote y prit en charge l'éducation d'un jeune prince de treize ans, qui allait bientôt conquérir le monde. Beaucoup d'anecdotes ont couru sur ces années de préceptorat, et sur les rapports compliqués qu'Alexandre le Grand entretint par la suite avec son maître. Rien d'étonnant à cela ! Il est rare que l'Histoire offre d'aussi improbables conjonctions : le plus grand conquérant de tous les temps fut donc l'élève du philosophe le plus imposant de tous les siècles, celui que les universitaires du Moyen Âge appelèrent sobrement « Le Philosophe », faute d'en voir aucun autre qui méritât mieux ce titre.

Lorsque Alexandre eut fini de soumettre la Grèce, Aristote put enfin reprendre le chemin d'Athènes, dans les fourgons de l'armée macédonienne. Il avait quarante-neuf ans. C'est son ami Antipater qui fut désigné comme gouverneur de la Grèce. Ce contexte sécurisant permit au philosophe de se remettre intensivement au travail, pendant douze années. Il en profita pour fonder sa propre école, sur un terrain loué voisin du temple d'Apollon Lycien : le Lycée. L'institution – faut-il s'en étonner ? – fonctionna sous l'autorité d'Aristote comme un lieu où tous les domaines de la connaissance étaient rassemblés, compilés, archivés et recensés.

Mais à la mort d'Alexandre en - 323, Aristote fut à nouveau menacé par le parti anti-macédonien de Démosthène. Une plainte pour impiété fut portée contre lui, parce qu'il avait dédié un hymne – genre réservé aux dieux – au tyran Hermias. Prudent, Aristote décida de fuir une nouvelle fois avec femme et enfant. Il se réfugia à Chalcis, dans l'île d'Eubée, la patrie de sa mère. Il eut tout juste le temps d'apprendre l'écrasement de la rébellion athénienne par son ami Antipater, avant de s'éteindre à l'âge de soixante-deux ans.

Le Lycée continua après lui, et son enseignement transcrit, transmis puis traduit en plusieurs langues fut l'objet d'une autre épopée passionnante, qui mériterait d'être racontée. Lorsque l'Occident chrétien, dans la seconde partie du Moyen Âge, redécouvrit ses écrits spéculatifs, ce fut par l'intermédiaire des grands philosophes arabes. Ce n'est pas la plus petite gloire d'Aristote que d'être devenu ainsi, par une circonstance historique imprévisible, le partage commun d'autant de civilisations.

Guide de lecture

Œuvres d'Aristote (philosophie pratique)

Le corpus aristotélicien, tel que nous le connaissons aujourd'hui, est très largement le résultat d'une composition hasardeuse. Beaucoup de textes qui sont pour nous des livres sont en réalité des panachés d'écrits datant d'époques diverses. Des exposés bien présentés voisinent avec des brouillons et des ébauches, des écrits destinés à publication sont adossés à des transcriptions d'enseignement oral. À cela il faut ajouter tous les textes perdus et les nombreux choix éditoriaux qui ont commandé les compilations, les coupes, et parfois les ajouts. Un sérieux travail critique a été entrepris depuis le XIXe siècle, usant de tous les moyens de la philologie pour tenter de donner une cohérence à l'œuvre d'Aristote et de lui rendre son intégrité.

L'Éthique à Nicomaque, traduction R. Bodéüs, Flammarion, 2004.

C'est « le » maître ouvrage de philosophie morale. Réparti en dix livres, qui abordent chacun un thème particulier, il n'est pas d'un accès très facile.

L'Éthique à Eudème, traduction V. Décarie, Vrin, 2007.

Cet ouvrage reprend l'essentiel des thèmes développés dans *L'Éthique à Nicomaque*, tout en demeurant fidèle à son organisation générale. Il constitue la meilleure voie pour accéder sans trop de difficulté à la pensée morale d'Aristote. Comme pour tous les écrits du Stagirite, il ne faut pas s'attendre à y trouver du grand style. Aristote se veut précis autant que technique. Il peut parfois sembler ennuyeux de le suivre, parce qu'il ne cherche pas à plaire. Il tente juste de comprendre et de se faire comprendre.

Invitation à la philosophie (Protreptique), traduction J. Follon, Mille et Une Nuits, 2000.

Ce petit texte très stimulant fut écrit probablement pendant la période platonicienne d'Aristote. Son but est de susciter des conversions à la philosophie en présentant son utilité pour la conduite de la vie. Le texte est beaucoup plus travaillé dans son style, ce qui le rend très agréable à lire.

La Rhétorique, traduction C.-E. Ruelle revue par P. Vanhemelryck, Le Livre de Poche, 1991.

Cet ouvrage est consacré aux procédés utilisés afin de convaincre un auditoire. Un grand classique, toujours efficace en société ! Le texte est découpé en trois parties : des considérations générales sur les différents domaines où il est important de savoir convaincre ; d'importantes considérations psychologiques sur la meilleure façon de se rendre favorables les dispositions affectives d'un public ; des questions générales d'élocution.

De l'âme, traduction E. Barbotin, Gallimard, 1989.

Cet ouvrage très technique, mais rigoureusement organisé, fut consacré à l'étude des principales facultés du vivant et de l'Homme. On y trouve d'étonnantes analyses sur la sensation, ainsi que sur la pensée.

La Poétique, traduction M. Magnien, Le Livre de Poche, 1990.

Aristote a consacré ce texte au genre de la tragédie. Une deuxième partie devait être consacrée à la comédie, qui n'a jamais été retrouvée. Umberto Eco, dans *Le Nom de la Rose*, en fait le motif d'une intrigue passionnante. Les considérations esthétiques du philosophe continuent de conserver une pertinence, même si le genre de la tragédie antique est aujourd'hui passé de mode.

La Politique, traduction J. Tricot, Vrin, 1962.

Aristote a également consacré beaucoup de textes aux questions politiques. Lui qui fut métèque à Athènes est sans doute le meilleur théoricien et le meilleur défenseur de l'idéal de la Cité. Beaucoup de philosophes contemporains continuent de se réclamer de sa pensée politique, à commencer par H. Arendt.

Commentaires et aides à la lecture

Michel Crubellier et Pierre Pellegrin, *Aristote, le philosophe et les savoirs*, Seuil, 2002.

Une excellente introduction à l'ensemble de la pensée d'Aristote. L'ouvrage a le mérite de présenter un tour d'horizon de l'immense domaine couvert par la pensée d'Aristote. De larges extraits de texte permettent de lire Aristote en contrepoint des analyses.

Pierre Aubenque, *La Prudence chez Aristote*, PUF, 2002.

L'auteur est un très grand spécialiste d'Aristote, qui a marqué durablement l'interprétation de sa pensée. Cet ouvrage est un classique, indispensable pour qui voudrait approfondir la philosophie morale d'Aristote.

Alasdair MacIntyre, *Après la vertu*, traduction Laurent Bury, PUF, 2006.

Depuis le début des années soixante a émergé dans la littérature anglo-saxonne une conception morale qui se réclame explicitement de l'éthique de la vertu. Ce retour à Aristote compte aujourd'hui de nombreux partisans, qui se proposent de revoir nos dilemmes moraux à la lumière de la notion de « vertu » telle qu'Aristote l'a définie. L'ouvrage que vous tenez entre les mains doit beaucoup à ce courant de la philosophie morale anglo-saxonne. Celui d'Alasdair MacIntyre y offre un accès remarquable et excitant, pour comprendre en quoi Aristote est plus que jamais d'actualité.